NEUES ITALIENISCHES DESIGN

Vorderes Umschlagbild:
GIANNI VENEZIANO &
PROSPERO RASULO,
Oxido Zoo Collection
Möbel-Arrangement.
Hersteller: Masterly.
Foto: Emilio Termolada

Hinteres Umschlagbild:
KING KONG;
Miss Konga, 1987
Bar aus Pelz, Holz, Plastik
und gebogenem Kristall.
Prototyp.
Foto: Proto.

Originaltitel: NEW ITALIAN DESIGN

Verlegerische Leitung: Jean-Claude Dubost und Jean-François Gonthier.
Buchgestaltung und Layout: Bernard Girodroux.
Satz: Artegrafica, Paris.
Textfilme: Compo Rive Gauche, Paris.
Übersetzung: Susanne Schürmann für First Edition Translations Ltd, Cambridge, England.
Schlußredaktion der deutschen Ausgabe: Bücher Gmbh, Bayreuth

Verlag Nr. 101
ISBN: 2-87939-017-6
Printed in Italy
La Zincografica Fiorentina

NALLY BELLATI

NEUES ITALIENISCHES DESIGN

PIERRE TERRAIL

FRANCO RAGGI
Gran Ciclismo, 1988
Inneneinrichtung für ein Fahrrad-Geschäft, Mailand.
Auftraggeber: Gran Ciclismo

Vorangehende Seiten:
MATTEO THUN
Walking Coffeepots (Laufende Kaffeekannen), 1987
Holz und Silber.
Hersteller: WMF

Inhalt

Vorwort (Alberto Alessi) 11

Entwicklungsgeschichte (Olivier Boissière) 13

Einführung 19

Aldo Cibic 33
Antonio Citterio 39
Mario Convertino 45
Giuseppe D'Amore 49
Michele De Lucchi 55
Laura de Santillana 61
Carlo Forcoloni 67
Massimo Iosa Ghini 73
Alberto Meda 81
Paolo Palluco 87
Daniela Puppa 93
Maurizio Peregalli 99
Christoph Radl 105
Franco Raggi 111
Patrizia Ranzo & Sergio Cappelli 117
Denis Santachiara 125
William Sawaya 133
Luca Scacchetti 139
Luigi Serafini 145
Matteo Thun 151
Marco Zannini 159
Marco Zanuso jr. 167

Roberto Baldazzini 172
Guglielmo Berchicci 173
Sergio Calatroni 176
Pierangelo Caramia 177
Maurizio Castelvetro 178
Jeannot Cerutti 179
Marzio Rusconi Clerici & Laura Agnoletto 180

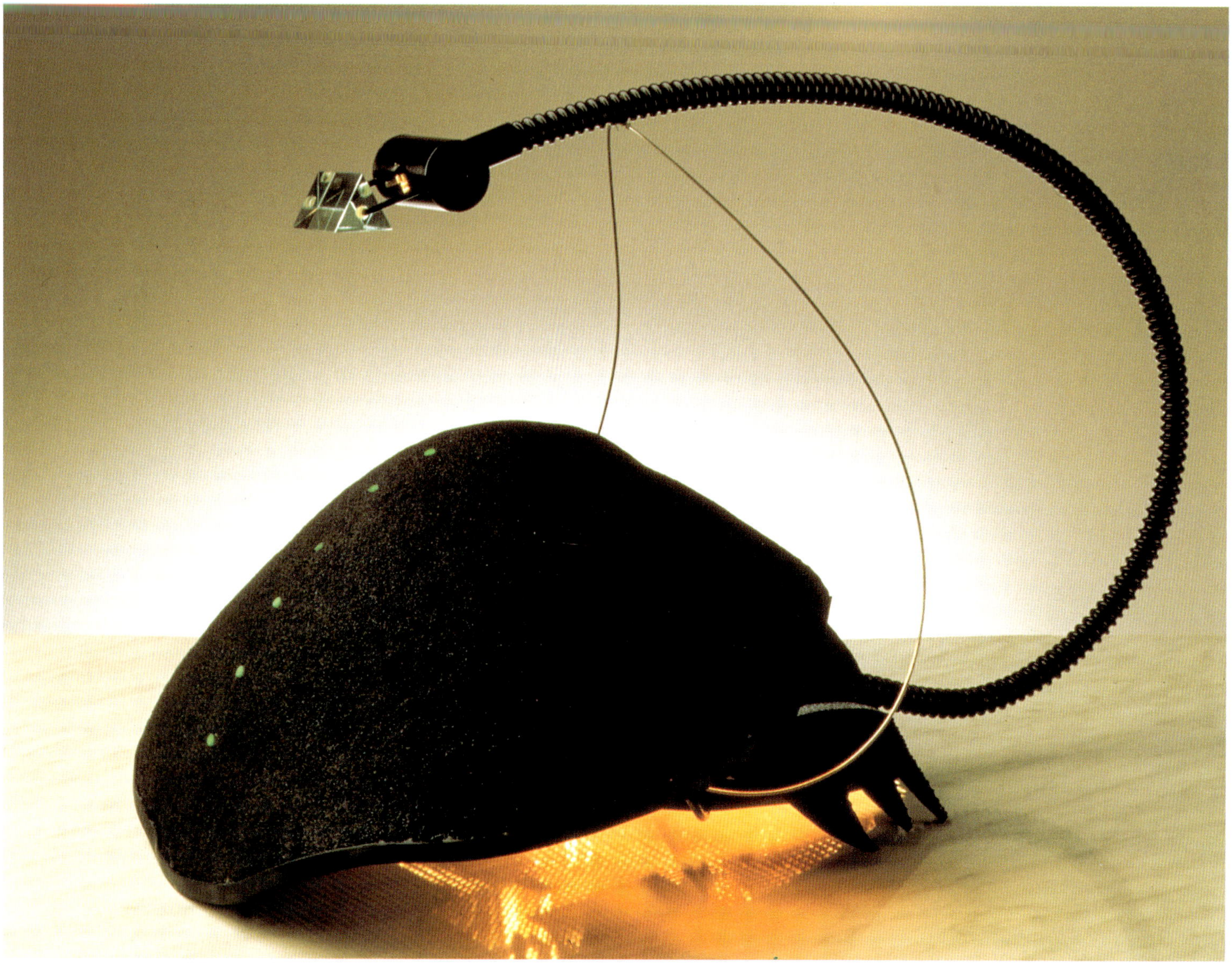

NAUTILIUS
Xipho, 1986
Lampe aus
Glasfasermaterial sowie
optischen Fasern mit
Leuchtpunkten.
Prototyp.

Annalisa Cocco 181
Elio Di Franco 182
Dante Donegani 183
Stefano Fabrizi 184
Beppe Facente 185
Massimo Giacon 186
Giorgio Galli 187
Giovanni Tommaso Garattoni 188
Anna Gili 189
Stefano Giovannoni & Guido Venturini 190
Giovanni Lauda 194
Roberto Lazzaroni 195
Giovanni Levanti 196
Marco Mencacci 197
Angelo Micheli 198
Ivano Boscardini & Vincenzo Di Dato 199
Giorgio Ragazzini 200
Prospero Rasulo 201
Michele Barro Savonuzzi 204
Roberto Semprini & Mario Cananzi 205
Nicola Strippoli & Cinzia Tandoi 208
Ernesto Spicciolato 212
Gianni Veneziano 213
Giulo & Valerio Vinaccia 214
Alessandro Zuliani 215

Danksagung 217
Anschriften der Designer 219
Fotonachweis 222

Vorwort

ALDO CIBIC
Parrucchiere Donna
(Damenfriseur), 1989
Inneneinrichtung eines
Schönheitssalons,
Mailand.

Auch am Vorabend des Jahres 2000 ist das Design noch immer geprägt von zwei entgegengesetzten Tendenzen.

Einerseits gibt es eine Massenproduktion, die im Hinblick auf Verkauf und Standardisierung das Design reduziert auf eine Funktion von Technologie und Marketing, mit dem Ergebnis, daß eine Flut von anonymen Produkten entsteht. Andererseits gibt es das Design um des Designs willen, voller Ästhetik und Poesie. Exemplarisch vertreten wurde dieses personalisierte Design in den letzten hundert Jahren in England und Amerika von William Morris und der *Art & Crafts-Bewegung* (*), in Wien von den *Wiener Werkstätten* (*) und in Deutschland vom *Deutschen Werkbund* (*), dem *Bauhaus* (*) und der *Ulmer Schule* (*). Das italienische Design lebt vom geistigen Erbe dieser Pioniere. Seiner Natur nach ist es im übrigen mehr von der Atmosphäre eines Forschungslabors geprägt als von der einer industriellen Struktur im klassischen Sinne.

Die Firma *Alessi* hat mit Stolz dieses Erbe angenommen, und auch die Risiken, die ein Umstürzen der Regeln stets in sich birgt. Wir haben, wie zuvor schon Gio Ponti, Carlo Mollino und Franco Albini, versucht, ohne technische Normung auszukommen, als wir das Mobiliar für *Cassina* und *Arflex* entwarfen. Und wir haben uns bemüht, Marketingforderungen zu ignorieren, und entwarfen nicht standardisierte Objekte, so wie etwa Achille Castiglioni oder Enzo Mari.

Paradoxerweise ist es kein Zufall, wenn dieses revolutionäre Konzept der Abkehr von allen Regeln manchmal Objekte hervorbringt, die den Markt erobern. Denn das experimentelle, traditionsgemäß mit sparsamsten Mitteln auskommende Design setzt Maßstäbe, von denen die Großindustrie zehren kann. Aber immer noch wirft das künstlerische Design Probleme auf, die die Serienproduktion so ohne weiteres nicht lösen kann. Diese vom Funktionalen besessene, unter Unbehagen und Unsicherheit leidende Industrie hält den Blick weiterhin starr auf die Verkaufskurven gerichtet. Es steht zu hoffen, daß das junge Design nicht aufhört, die Fabrikanten zu irritieren und zu beunruhigen. Und wenn eines Tages diese Fragen geklärt werden könnten, dann würden neben den Designern auch Kultur, Technologie, Ästhetik und nicht zuletzt der Markt davon profitieren.

Wir kritisieren den starren und kommerziellen Begriff, den sich die Großindustrie vom Design macht. Eine andere, heute überholte Sicht sieht im Design nur eine arme Verwandte der Schönen Künste, des Kunstgewerbes und der angewandten Kunst. Nichts könnte falscher sein. Ob durch das Erwachen der Welt oder die eigene Entwicklung - das Design ist heute erwachsen und hat seinen eigenen und unabhängigen Platz unter den darstellenden Künsten erobert.

Alberto Alessi

(*) s.S. 17

valentine

Entwicklungsgeschichte

ETTORE SOTTSASS
(in Zusammenarbeit mit
P.A. King)
Valentine, 1969
Tragbare
Schreibmaschine.
Hersteller: Olivetti

Das Design tritt erstmals in Italien während des Faschismus auf. Die sich als modern verstehenden und sich „Rationalisten" nennenden Architekten werden zunehmend von den Vertretern eines auftrumpfenden Neoklassizismus, der der Propaganda Mussolinis entspricht, verdrängt. Die „Rationalisten" werden sich, auch über theoretische Konfrontationen, mit Kundgebungen wie der Triennale von Mailand versteckte Inseln des Widerstandes schaffen. Zurückgeworfen auf den kleinen Maßstab (das Haus) und die Tagesarchitektur (die Salons und die kommerziellen Messeausstellungen) gewinnt ihre Opposition zur Architektur der Regierung einen fast rein experimentellen Charakter, äußert sich aber auch in einer bereits aktiven Presse: die Zeitschrift *Domus* des Architekten Gio Ponti wird 1928 aus der Taufe gehoben, *Casabella* mit dem Beginn der dreißiger Jahre gegründet. Schließlich bereiten avantgardistische Unternehmer wie Olivetti einer Disziplin den Boden, die neu ist und kaum definiert, aber die mit dem Produktionsprozeß verbunden ist: dem Design.

Von Beginn an steht das italienische Design zwischen den beiden Polen Theoriediskussion und Produktion mit den jeweiligen Zeitschriften und Zeitungen als Resonanzboden. Durch diese Dreiheit wird es zum Dauerspektakel und gewinnt die ihm eigene Dynamik. Schon vor 1939 entstanden bemerkenswerte Objekte: die Stühle von Albini, die Schreibmaschine von Marcello Nizzoli für Olivetti, der erste Fiat Topolino und die Karosserien von Pininfarina, während Gio Ponti Einrichtungsgegenstände und Keramiken entwirft, die der Tradition der angewandten Kunst näher stehen.

Seinen spektakulärsten Entwicklungssprung macht das italienische Design in der Zeit zwischen Kriegsende und den sechziger Jahren. Die Gründe dafür sind vielfältig und unterschiedlich: die notwendig gewordene rasche technische Modernisierung der rückständigen italienischen Industrie ebenso wie andererseits die Potenz des Kunsthandwerks und die geographisch weit verstreuten Unternehmen; die Isolierung, in der sich die italienische Produktion unter dem Faschismus befand, und ihr provinzieller Drang, internationaler als die anderen zu sein; die Desillusionierung der Architekten, die in Ermangelung von Bauaufträgen mit dem Entwerfen von Objekten für den täglichen Gebrauch und den häuslichen Mikrokosmos beginnen. Von Triennale zu Möbelmesse wird Mailand innerhalb von wenig mehr als zwei Jahrzehnten zu dem internationalen Zentrum, das es heute ist.

Bei Kriegsende hält sich das italienische Design noch an die von der Moderne der zwanziger und dreißiger Jahre aufgestellten Prinzipien, die sich vom *Bauhaus* und den Konstruktivisten ableiten: Ökonomie der Mittel, strikte Anpassung der Form an die Funktion und die Möglichkeiten der Produktionsmittel. Aber mit dem Ende des Faschismus und des Krieges ist auch die Illusion verloren, daß die moderne Architektur und das Design allein fähig wären, einen neuen Menschen zu schaffen. Bei aller potentiellen Militanz ist sich das italienische Design doch dessen bewußt, daß die politischen und ökonomischen Kräfte ihrer Disziplin Grenzen setzen. „Vom Löffel zur Stadt", so das Credo von Ernesto Rogers, der nach dem Krieg Chef der Zeitschrift *Casabella* war. Es geht also um die Teilhabe an der Verbesserung des menschlichen Umfeldes in all seinen Aspekten und soweit es das Bündnis mit

DENIS SANTACHIARA
Notturno Italiano (Italienisches Nocturne), 1988
Glühbirne aus Aluminium, die auf die Wand Bilder projiziert, die Schafe darstellen, sobald die Hauptlichtquelle gelöscht ist.
Hersteller: Yamagiwa

den Produktivkräften zuläßt. Das italienische Design gründet auf einem Kompromiß, der den Streit offen läßt. Es ist selbstverständlich ein Teil der Kultur und fungiert als Mittler zwischen Produktion und Verbraucher. Am Wachstum der italienischen Industrie bis zur Mitte der sechziger Jahre hat es dauerhaften Anteil. Mit Ausnahme einer so singulären Erscheinung wie Carlo Mollino wird sich eine ganze Architektengeneration dieser Entwicklung anschließen, in fruchtbarer und manchmal dauerhafter Zusammenarbeit mit aufgeschlossenen Industriellen (*Arflex, Cassina, Gavina, Flos, Poltronova*...) und mit Firmen, die aufgrund der neuen Möglichkeiten, die die Plastikmaterialien bieten, entstehen konnten (*Kartell, Artemide*...). Newcomer wie Marco Zanuso und Joe Colombo bilden den Grundstock der Designer der Wachstumsära. Ihnen zurechnen kann man noch jene Architekten, die gelegentlich, z.B. bei der Triennale, bei Diskussionen oder eines einzelnen Projektes wegen, Abstecher auf dieses Gebiet unternehmen. Als Beispiel sei Carlo Scarpa und sein Olivetti-Showroom (1958) genannt.

Gegen Ende der fünfziger Jahre tauchen mit der „Neo-Liberty"-Episode, einer Rückkehr zu den historischen Quellen vom Anfang des Jahrhunderts, Gae Aulenti und Vittorio Gregotti auf. Als milder Protest entstehen zwei Varianten: das ironische Design (der Traktor-Sessel der Brüder Castiglioni) und die methodologische Reflexion (Enzo Mari und die Stille des Objekts).

Die Anerkennung des Designers als eines privilegierten Partners der Industrie wird endgültig vollzogen mit der Schaffung des Goldenen Kompasses im Jahre 1954 durch die Kaufhauskette *La Rinascente*, als einer Auszeichnung von Hersteller und Designer eines herausragenden Modells für „ästhetische Qualität und technische Perfektion des Produktes". Ihren Gipfel erreicht diese Anerkennung in den sechziger Jahren, als dasselbe *Rinascente* den Bau seiner Häuser Albini und Gregotti anvertraut und die Studie zu Systematisierung und Optimierung seiner Verkaufskraft sogar dem ehemaligen Chef der Ulmer Schule und überzeugten Marxisten Tomas Maldonado überläßt!

Aber damit findet der idyllische Kompromiß auch eine Ende, denn das italienische Design ist in die Konsumspirale geraten. Bereits 1966 formiert sich bei den jungen Florentiner Architekten von Archizoom und Superstudio und bei den Turinern von Strum der erste Protest dagegen. Die später unter dem Sammelbegriff „radikale Architektur" zusammengefaßten Ansätze sind in Wahrheit durchaus unterschiedlich. Gemeinsam ist ihnen die Kritik an der Konsumgesellschaft, die Utopie einer von der Arbeit befreiten Gesellschaft und eine gewisse herablassende Einstellung dem schlichten und eleganten italienischen Design gegenüber.

Archizoom verlegt sich bei der Befreiung der Formen auf eine „eklektische Konspiration" und gestaltet Mikro-Environments von ganz hedonistischer, verschwenderischer Üppigkeit, würdig des Universums von *Playboy*. Superstudio plädiert für ein zugleich bukolisches und hypertechnologisches Nomadentum. Strum - Per una architettura strumentale - bietet in köstlichen Foto-Romanen eine neue Version der antikapitalistischen Propaganda und gefällt sich in einem Naturalismus auf der Basis von Polyurethan. Mit diesen Protestlern der ersten Stunde müssen auch zwei singuläre Persönlichkeiten erwähnt werden: Gaetano Pesce, der einen

abwechselnd ironischen und morbiden Ansatz über eine Umdeutung fortschrittlichster Techniken verfolgt, und Ugo La Pietra, der die Stadt mit dem doppelbödigen Mikroskop Kommunikationstechnik und -theorie untersucht.

Zwei Schlüsselfiguren werden in den siebziger Jahren die mit dem Protest gesäten, breit gestreuten Ideen bündeln.

Der eine, eher ein Poet als ein Architekt und weniger Theoretiker als vielmehr ein Mann der Medien, Alessandro Mendini, leitet *Casabella*, später *Domus*.

Er wird zunächst die „Radikalen" bei Global Tools sammeln, einer losen Organisation mit dem Ziel, Informationen und Erfahrungen zusammenzufassen. Von 1978 an ist er bei Alchimia tätig, einem von Alessandro Guerriero gegründeten Labor für Objekte und Mikro-Environments, jedoch ohne eine konkrete Produktion zu beabsichtigen. Es ist eine Art Foyer für permanente ästhetische Agitation, in dem, im Gewand des „Banalen", populäre Kultur und Kitsch wieder zueinander finden.

Der andere, Ettore Sottsass Jr, ist ein Fall für sich. Bereits vor dem Krieg tätig, hat er bis zum Ende der sechziger Jahre die gradlinige Laufbahn eines systemkonformen Designers verfolgt, hat für Olivetti gearbeitet und namentlich die berühmt gewordene Reiseschreibmaschine Valentine entworfen. Ganz kultivierter Kosmopolit, bereiste er das Amerika des Beat-Zeitalters und den Orient.

Mendini und Sottsass spielen, als Vorsänger der eine und Guru der andere, seit zwanzig Jahren eine entscheidende Rolle in Italien. Ob angepaßt oder aufsässig, die jungen Designer der achtziger Jahre sind ihre Zöglinge.

Olivier Boissière

ELIO DI FRANCO
Doppelbett, 1988
Nußbaumholz.
Hersteller: Falegnami

(1) *Arts & Crafts Exhibition Society*, gegründet in London 1888 vom Architekten C. R. Ashbee, geht von den Ideen William Morris' aus, eines Ästheten, der Kunst und Handwerk wieder zusammenbringen wollte, um die Mittelmäßigkeit der industriellen Produktion zu bekämpfen. Trotz oft utopischer und pseudomittelalterlicher Vorstellungen trug die Bewegung zur Geburt des Industriedesigns bei.

(2) *Wiener Werkstätten*, gegründet 1903 von dem Architekten Josef Hoffmann und dem Graphiker Koloman Moser, vom Werkstattgedanken Ashbees und Morris' ausgehend. Ihre überzeugendste Schöpfung war das Palais Stoclet in Brüssel, das aber, was betont werden muß, ohne jegliche finanzielle Einschränkung gebaut werden konnte. 1932 schlossen die *Wiener Werkstätten* ihre Pforten.

(3) *Deutscher Werkbund*. Gegründet 1907 in Berlin von dem Architekten Muthesius. Der *D.W.*, der zunächst Kunst und Handwerk versöhnen wollte, kam sehr rasch zur Frage nach der Einbeziehung von Maschinen und industrieller Produktion. Bis zu seiner Schließung im Jahre 1933 trat der *D.W.*, der zu seinen Mitgliedern die Elite der modernen Architektur zählte, von Henry van de Velde bis Gropius, mit bedeutenden Ausstellungen hervor, die von einer Blütezeit der Moderne in Deutschland zeugen: in Köln 1914, in Stuttgart 1927, in Paris 1930.

(4) *Bauhaus*. Gegründet 1919 in Weimar von Walter Gropius, revolutionierte die Kunstlehre, indem es die Allianz von Kunst und Industrie predigte. Der Lehrkörper zählte zu seinen Mitgliedern so berühmte Namen wie Klee, Kandinsky, Itten, Breuer, Wagenfeld, Mies van der Rohe, Hannes Meyer. Verbunden mit allen künstlerischen Avantgarde-Strömumgen, De Stijl, russischer Konstruktivismus, Esprit Nouveau, beschleunigte das *Bauhaus* ganz signifikant die Entwicklung der Theorien zur modernen Architektur und zum Industriedesign. 1933 wird es von den Nazis geschlossen.

(5) *Ulmer Schule*. Gegründet 1947 von den Designern Inge Scholl, Otl Aicher und Walter Zeischegg sowie dem Architekten Max Bill. Sie versteht sich als Wiedergeburt des *Bauhauses* und entwickelt bis zu ihrer Schließung wegen Geldmangels im Jahre 1968 eine puristische, stark methodologisch ausgerichtete Industriedesign-Theorie. Die Schule steht in Kontakt mit der wiederauflebenden deutschen Industrie und tritt mit entscheidenden Beiträgen zum Design der Elektro-Firma Braun und für die „Gute Form" hervor.

Einleitung

ANTONIO CITTERIO
Esprit, 1988
(in Zusammenarbeit mit T. Dwan und S. Caputo)
Inneneinrichtung für die Modeboutique Esprit, Antwerpen.

September 1979. Die Mailänder Möbelmesse öffnet ihre Pforten den Branchenmitgliedern aus aller Welt. Auf dieses Ereignis haben sich alle Designer ein Jahr lang vorbereitet. Tatsächlich zieht die Messe mehr als vierzig auf Architektur und Design spezialisierte italienische Hersteller an und ein bedeutendes ausländisches Pressekontigent, das auf Neuheiten wartet. Die Objekte und Möbel können Prototypen sein, sie müssen vor allem gefallen und überraschen, und zwar mehr durch ironische oder paradoxe Formen als durch praktisches Äußeres.

Aber dieses Jahr findet das Mailänder Ereignis anderswo statt. Ein junger Designer, Carlo Forcolini, präsentiert die Kollektion der jungen Firma Alias, und zwar nicht im üblichen Rahmen der Messe, sondern in der feinen Kunstgalerie Marconi.

Die Saison hat noch nicht begonnen, trotzdem bringt dieser Snobismus in der Galerie Marconi rasch eine Menge von Leuten zusammen, denen es schmeichelt, sich in das Goldene Buch eintragen zu dürfen, das dieser Design-Ausstellung beigegeben ist. Forcolini macht sehr schnell Schule. Die jungen Designer überbieten sich an Einfallsreichtum bei der Suche nach sensationsträchtigen Örtlichkeiten. Was als geschickte Art begonnen hatte, gute Miene zum bösen Spiel zu machen - Alias konnte sich einen Stand auf der Messe nicht leisten - wird Methode. Wie bei der Mode wird auch bei den Designern das „Star system" eingeführt.

Bald finden höchst seltsame Vernissagen statt. Alias zieht auf die Bühne des Teatro San Babila und in die Räume des Couturiers Romeo Gigli, und man drängelt sich, um die Möbel sehen zu können. Zeus, eine kleine, vom Co-Designer der Häuser des Couturiers Giorgio Armani, Maurizio Peregalli, gegründete Firma, baut den Keller und den Hof ihres Ausstellungsraumes um und schafft so eine Art „Diskothek", in der die Objekte ausgestellt werden. Paolo Pallucco, ein gerade sehr modischer römischer Designer, ruft den Kameramann des Regisseurs Wim Wenders zu Hilfe, um in einem leerstehenden Schlachthaus eine Bühnenshow zu beleuchten, deren einzige Akteure seine Stühle, Sessel und Sofas sind.

Verleger, Fotografen, Sammler und Journalisten reißen sich um die Anwesenheit bei diesen reichlich dekadenten Performances.

Und doch ist der Zusammenprall dieser jungen Designer mit anderen künstlerischen Ausdrucksformen nicht nur mondäner Natur. Er entspricht dem tiefen Bedürfnis dieser Generation, Verbindungen zwischen Design, Mode, plastischer Kunst und Theater zu schaffen, aber sie hat auch das Bedürfnis, sich im Flüchtigen und im Spiel auszuleben. Indem es anderen, spielerischen Orten den Vorzug vor der seriösen Mailänder Möbelmesse gibt, erhebt das neue italienische Design der achtziger Jahre die Respektlosigkeit dem Autoritätsprinzip gegenüber zur Regel. Doch Mailand bleibt die Hauptstadt, nur daß diese Generation hier nun ihre eher verrückten, oft ironischen Schöpfungen präsentiert, von denen manche direkt der Welt des Comic Strip entstammen. Trotz des Bruchs mit den Alten sind sie sich ihres Erbes absolut bewußt: Seit dem Ende des Zweiten Weltkrieges und in den Augen der ganzen Welt ist Italien die Heimat des Design und Mailand seine Hauptstadt.

Von der Schreibmaschine „Valentine" Olivettis bis zum Sessel Sacco, der sich der Körperform anpaßt, mit dem Zwischenglied der Lampe „Pipistrello" von Gae Aulenti in Champignonform,

zeichnet sich das italienische Design durch Einfallsreichtum und Eleganz aus.

Das Zusammenspiel mehrerer Faktoren ermöglichte diesen Erfolg. In Italien glaubten die Fabrikanten mehr als anderswo an das Design. Bereits 1945 schufen sie so eine italienische Linie, die mit der internationalen Produktion konkurrieren konnte, wo nicht durch die technische Leistung, immer durch die Form. Sie investierten in Forschung und verpflichteten Designer, die später berühmt wurden. Berühmt ist die Zusammenarbeit Ettore Sottsass' mit Olivetti geworden.

Zugleich löst das Design in Italien intellektuelle Erregung und leidenschaftliche Debatten an den Technischen Hochschulen aus, die von den etablierten Zeitschriften aufgegriffen werden. So von *Domus*, gegründet 1928 von Gio Ponti, von *Casabella*, einer nach dem Krieg von Ernesto Rogers neuverlegten Zeitschrift, von *Stile Industria*, gegründet 1953, und von *Modo*, gegründet 1977 von Alessandro Mendini. Schließlich schafft das System von Zusammentreffen, so bei der Triennale in Mailand und der Biennale in Venedig, und nationalen Wettbewerben, unter anderem um den begehrten Goldenen Kompaß, ein Klima der Kreativität. Diese seit den fünfziger Jahren etablierten günstigen Umstände erhellen das Spezifische des italienischen Designs. Während man in Frankreich und Deutschland an Le Corbusier, dem Bauhaus und der „Guten Form" der Ulmer Schule festhält mit dem Ziel, die Idealform für eine unveränderliche Objektfunktion zu finden, erfinden die Italiener Formen, die etwas von der Geschichte, den Träumen und den Torheiten der Menschen erzählen. Das Werk von jemandem wie Carlo Mollino ist bezeichnend für das italienische Design der fünfziger Jahre. Dieser 1905 geborene Sohn einer reichen Turiner Familie ist Kunstflugpilot, Rennfahrer, Fotograf, Skilehrer und Architekt und Designer und stellt Möbel an der Grenze zum Kitsch her, ausgehend von seinen diversen Leidenschaften. Eine Slalomspur im Schnee liefert die Struktur für einen Glastisch mit quadratischem Holzfuß. Weit entfernt von der Strenge rein funktionaler Möbel, verwendet Carlo Mollino die eigene Biographie als Inspirationsquelle.

In den oft als Goldenes Zeitalter des Designs bewerteten fünfziger Jahren plündert das einfache Handwerk unbefangen die revolutionärsten Kreationen: Barhocker in asymmetrischer Form, inspiriert von denen Gio Pontis, dessen Pirelli-Hochhaus bereits Mailand beherrscht, sein Stuhl „Superleggera", 1951 von der Firma Cassina hergestellt, und Schaumgummisessel, denen Marco Zanusos nachgebildet, überschwemmen Italien. Zeitgleich aber in ganz anderer Richtung kreieren die Brüder Castiglioni, Achille, Pier Giacomo und Livio einen neuen poetischen Funktionalismus, in dem erst der Benutzer dem Objekt einen Sinn gibt. So ist ihr Stuhl „Sedile Sella" von 1957 ein simpler Fahrradsattel auf einer Stange, unstabil, solange niemand auf ihm sitzt. Das Objekt entfaltet sich erst durch Benutzung, und der Benutzer ist des Designers unverzichtbarer Partner.

Bei allen Unterschieden zeugen die fröhliche Unbefangenheit eines Carlo Mollino und die Reflexion der Brüder Castiglioni von der gleichen Vorstellung von Bezügen zwischen dem Objekt und dem Benutzer, der durch seine Imagination und seine aktive Teilnahme ein wichtiger Akteur des Designs geworden ist.

FRANCO RAGGI
Metamorfosi 1 & 2
(Metamorphosen 1 & 2),
1988
Stühle aus Holz.
Hersteller: Medea

MASSIMO IOSA GHINI

Der Bolide, 1989

Eisspender.

Auftraggeber: Gervais

In den sechziger Jahren stößt dieses Konsumdesign auf zunehmenden Protest bei den Anhängern der „radikalen Architektur". Dieser Name stammt vom Autor des Manifestes über die „Arte povera", dem sehr einflußreichen Kunstkritiker Germano Celant. Diese an der Universität von Florenz, dem Schmelztiegel aller radikalen Modeströmungen, entstandene Bewegung plädiert für das Recht auf Utopie in der Architektur wie im Design. Gruppen wie Archizoom und Superstudio, beide 1966 in Florenz gegründet, beschäftigen sich viel mit Theorie, publizieren massenhaft und entwickeln zahllose utopische Projekte. 1967 präsentiert Archizoom „dream-beds", monumentale Betten voller dekadenter Dekorationsmotive, eine Kombination aus vulgärem Modernismus und billigem Orientalismus. Einer der Hauptprotagonisten ist hier Andrea Branzi, ein aus Florenz stammender Architekt und Designer.

Diese vor allem theoretische Bewegung wird schon bald historisch: 1972 organisiert Emilio Ambasz im Museum of Modern Art in New York eine große Ausstellung zu dem Thema: „Italien: neue häusliche Landschaften". Archizoom stellt ein leeres Zimmer aus, in dem allein die Stimme eines kleinen Mädchens ein strahlendes, buntes Interieur beschreibt. So wird der Besucher gezwungen, sich sein eigenes Haus vorzustellen. Im Jahr darauf gründet Archizoom mit radikalen Architekten wie Dalisi, Pesce, Strum und La Pietra die Organisation Global Tools, die sich als Anti-Architektur- und Designschule versteht und „den Menschen von seiner Kultur befreien" will, indem sie ihn einlädt, die eigene Kreativität in freien Ateliers auszuleben. Als letzte Bastion der 68er-Utopien gibt Global Tools 1973 auf, wie „ein Boot, wenn der Wind ausbleibt", so einer der Akteure, Andrea Branzi.

Bereichert von diesen Jahren theoretischer und politischer Diskussion, aber auch übersättigt, versuchen die Protagonisten des italienischen Designs Ende der siebziger Jahre einen Neuanfang. 1979 präsentiert das drei Jahre zuvor von Alessandro und Adriana Guerrerio gegründete Studio Alchimia in Mailand seine erste, nicht ohne Spott „Bau-Haus" getaufte Kollektion: Es sind Prototypen und Modelle von Ettore Sottsass, Alessandro Mendini und zwei jungen Designern, Michele De Lucchi und Paola Navone. Diese Kollektion ist der Auftakt zu einer neuen Produktionsart, nämlich von limitierten Auflagen und Einzelstücken, sofort hergestellt von kleinen Handwerksbetrieben, ohne das Ziel einer Massenproduktion. 1979 entwirft Ettore Sottsass für Alchimia einen Glastisch auf einem zickzack-förmigen Fuß mit dem ironischen Titel „Auch die Strukturen wanken", und Andrea Branzi kreiert Bücherschränke und Stühle, die fast Kunstobjekte sind.

Durch die Befreiung vom Serienzwang erhält ihre Produktion eine starke experimentelle Komponente. Erstmals seit Kriegsende tritt die Wahl zwischen Funktion und Ästhetik, Massenproduktion und limitierter Serie in den Hintergrund. Aber als Alchimia mit dem Goldenen Kompaß endgültig von der Branche anerkannt wird, bricht die Gruppe auseinander. Ettore Sottsass geht, und Alessando Mendini wird zum Kopf der Bewegung. Dieser 1931 in Mailand geborene Architekt wendet sich gegen die Logik der industriellen Produktion. Er befaßt sich mit Gebrauchsgegenständen wie Bügeleisen, Schuhen und Staubsaugern und widmet sich ganz dem „re-design", davon ausgehend, daß simple Beleuchtung die Banalität des Objektes unterstreicht.

MICHELE DE LUCCHI
Tolomeo (Ptolomäus), 1986
Lampe aus eloxiertem Aluminium.
Hersteller: Artemide

Auf der Biennale von Venedig stellen 1980 Mendini, Navone, Puppa und Raggi im Rahmen der Ausstellung „L'Oggetto Banale" Gebrauchsgegenstände aus, die durch schlichte farbige, den Konturen folgende Linien modifiziert sind. Mendini ist es auch, der den Wert des rein Dekorativen, das seit Adolph Loos' Parole von 1908, „Das Ornament ist ein Verbrechen" von Architekten wie Designern verachtet worden war, neu entdeckt. Durch Verzierung von Alltagsobjekten oder berühmten Design-Schöpfungen, wie dem Stuhl „Superleggera" von Gio Ponti, illustriert das „re-design" die Unmöglichkeit, wirklich Neues zu schaffen. Damit lädt Mendini zu einer Durchsicht der Geschichte des Designs und der Welt ein. Als Sproß des Radikalismus und Zeitgenosse der 68er-Ereignisse verkündet er, daß auch das Design vom Ende der Utopien und der großen Ideologien berührt wird.

Der weniger pessimistische Ettore Sottsass verläßt 1981 Alchimia. „Nach langem Marsch durch Zonen der Unsicherheit, nach langem Dialog mit Metapher und Utopie, nach langem Abseitsstehen haben wir heute einige Erfahrung vorzuweisen. Wir sind gute Forschungsreisende", schreibt dieser Veteran des Designs. Mit 64 Jahren hat Sottsass eine lange Karriere hinter sich: Als Berater von Olivetti hat er an vielen Bewegungen teilgenommen, und seine Kreationen sind in der ganzen Welt ausgestellt worden. Aber er ist bereit zu neuen Abenteuern. „Endlich können wir unbeschwert weitermachen. Das Schlimmste liegt hinter uns", erklärt er mit schönem Optimismus bei der Präsentation der ersten Kollektion seiner neuen Firma Memphis im Jahre 1981.

Für die Produktion dieser Objekte (Stoffe, Möbel, Teppiche, Lampen und Silberwaren) konnte Sottsass die Mitarbeit von Firmen wie *Brugola, Arch74* und Ernesto Gismondi gewinnen. Und auch der Wettbewerb mit international anerkannten Designern wie Peter Shire oder Michael Graves war vorhanden. Vor allem aber wollte er sich mit den ganz jungen, nach 1950 geborenen Designern umgeben: Matteo Thun, Aldo Cibic, Michele De Lucchi, Marco Zanini. Mit ihnen traf er sich jeden Abend in der Wohnung Matteo Thuns zum Arbeiten. Hier tauchte auch der Name Memphis auf, nach einem Bob Dylan-Song, „*Take me home to Memphis*", bei dem eine kaputte Platte stets hängenblieb. In dieser von Marco Zanini, einem Mitglied der Gruppe, erzählten Anekdote wird Atmosphärisches deutlich. Trotzdem ist Memphis keineswegs ein improvisiertes Unternehmen. Unter der künstlerischen Leitung von Barbara Radice, einer auf figurative Kunst spezialisierten Journalistin, zeigt sich schon bald starke Resonanz. Memphis will die Sprache der Formen und Farben erneuern, aber Priorität hat die Präsenz des Objektes. In den Möbeln, die Spielzeugen ähneln, stoßen schreiende Farben, Comic-Strip-Raster und Kunst- und Naturhölzer heftig aufeinander. Im Gegensatz zu den vulgarisierten, in Billigmaterialien hergestellten „Design-Objekten" sind die Objekte von Memphis in Preis und Originalität für eine reiche internationale Kundschaft bestimmt. Im Ausland, namentlich in Frankreich, wird das Unternehmen mit Interesse verfolgt: Bereits 1982 präsentiert die französische Design-Gruppe Totem in Mailand gleichgeartete Objekte. Junge französische Künstlerinnen, Nathalie du Pasquier und Martine Bedin, beide aus Bordeaux, beginnen für Memphis

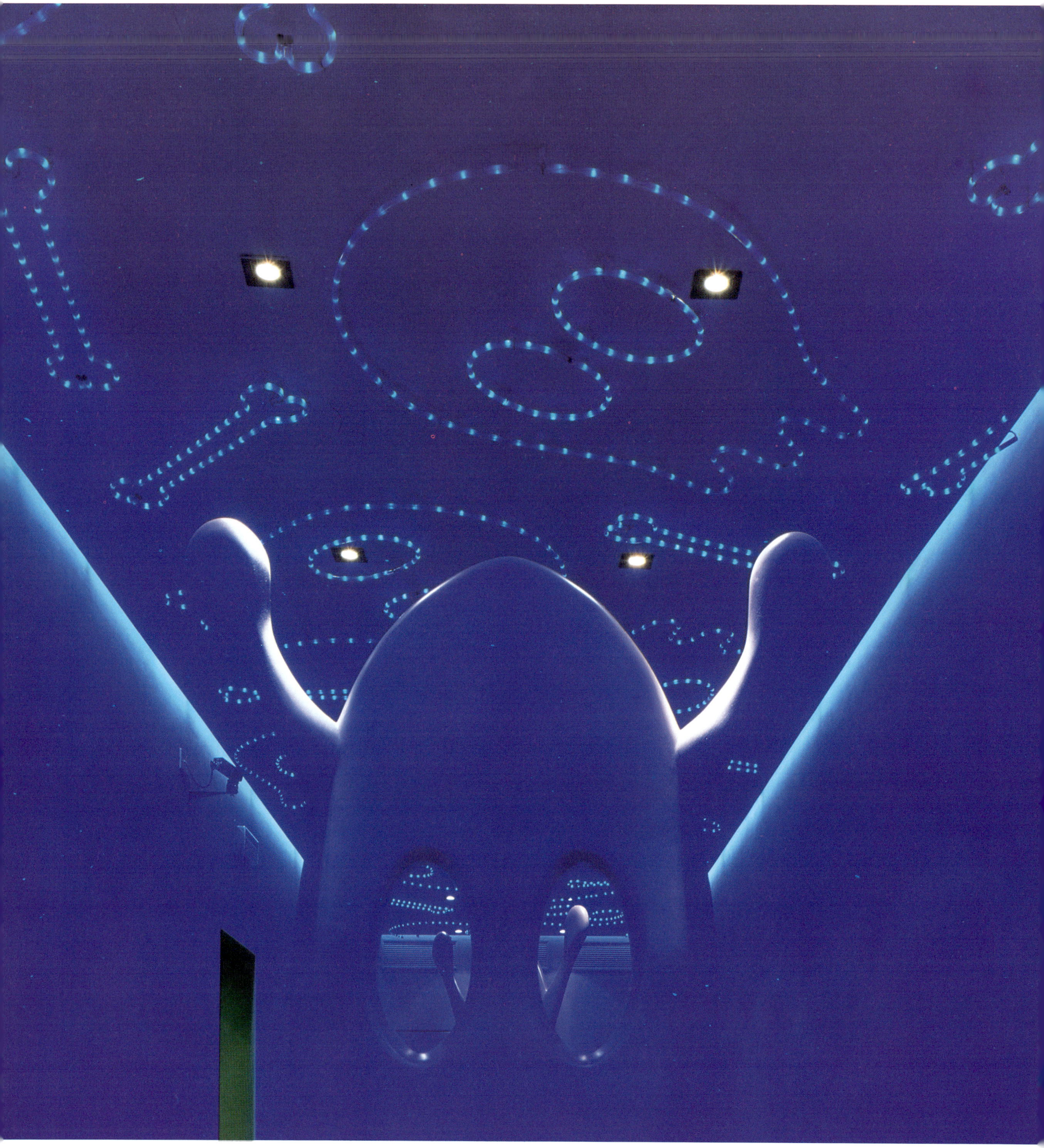

KING KONG
Die Diskothek
Maddalena, 1989
Interieur. Drehbare Skulpturen.
Auftraggeber: Gebrüder Cavicchi, Prato

zu arbeiten. Aber natürlich prägt Memphis vor allem die neue italienische Designergeneration.

Die erstmals in den achtziger Jahren von sich Reden machenden Designer sind - nach den Giganten der Epoche des Wiederaufbaus, den Erben der italienischen Tradition und den radikalen Architekten - die vierte schöpferische Generation. Sie sind Architekten und Designer, zwischen 30 und 44 Jahre alt, und sind, auch wenn sie insgesamt bereits vorhandenen Pfaden folgen, doch charakterisiert durch eine große Verschiedenartigkeit der Ausrichtung. De Lucchi, Thun, Aldo Cibic, Zanini und Christoph Radl sind die direkten Erben der Sottsass-Schule. Luca Scacchetti ist mittelbar inspiriert von dem radikalen Architekten Aldo Rossi, obwohl er nie mit ihm gearbeitet hat. Maurizio Peregalli fühlte sich von der Mode angezogen, namentlich von Giorgio Armani. Antonio Citterio, Carlo Forcolini, William Sawaya und Paolo Pallucco stehen gemeinsam in der halbindustriellen italienischen Möbeltradition. Denis Santachiara, Luigi Serafini und Mario Convertino sind von der visuellen Kunst geprägt. Cappelli & Ranzo und Giuseppe D'Amore sind beeinflußt von einem mediterranen Design-Ansatz, denn sie sind alteingesessene Neapolitaner. Und Laura De Santillana ist vom Handwerk geprägt. Alberto Meda schließlich ist der einzige, dem es vor allem um industrielle Präzision geht und der Design technisch wie ein Ingenieur auffaßt.

Dieses Abstammungswirrwarr macht Klassifizierungsversuche schwierig. So ist bei Santachiara, Meda und Forcolini eine gemeinsame Neigung für technische Ikonographie erkennbar. Aber Scacchetti, Zanuzo Jr., Thun, Cibic, Daniela Puppa, Iosa Ghini, Zanini und Cappelli & Ranzo legen großen Wert auf Ausdruck, während Pallucco, Peregalli und Forcolini Minimalisten sind oder unter japanischem Einfluß stehen. Raggi ist zugleich expressiv und minimalistisch.

Ein gemeinsamer Zug dieser „vierten Generation" ist die Ausbildung als Architekt, die zwei Drittel von ihnen genossen haben. Im Unterschied zu Designern anderer Länder geht ihr intellektueller Ansatz immer von einer Verbindung zwischen wissenschaftlicher und menschlicher Sicht aus. Sie entwerfen funktionale Objekte, die zugleich ästhetisch sind, und die Symbolik ihrer Formen verändert die zeitgenössische Wohnlandschaft.

Diese spezifischen Eigenschaften haben das italienische Design zu einer echten Institution gemacht, die zwar der Gesamtheit der Künste angehört, aber wie Architektur, Musik oder bildende Kunst eine eigene Geschichte und eigene Werte hat. Und so verschieden ihre Betätigungsfelder auch sind, die italienischen Designer sind stets der historischen Dimension ihrer Arbeit gewärtig. Sie schaffen für die Zukunft und verstehen ihr Werk als Zeugnis einer Epoche.

Ihr Betätigungsfeld ist grenzenlos, und sie empfinden Architektur und Design als untrennbar mit Mode, Video und Fernsehen verbunden. Daniele Puppa arbeitet auch in der Modebranche, Santachiara mischt Computer mit Poesie. Alle Materialien sind früher oder später brauchbar. Ob kleine Auflage oder Massenproduktion, sie arbeiten mit Keramik, Glas, Holz, aber auch, wie Meda, mit revolutionären Materialien der Hochtechnologie. Die vierziger Jahre brachten schweres, massives

WILLIAM SAWAYA
Iki-Oko, 1988
Polstersessel.
Hersteller: Sawaya und Moroni

Mobiliar, die fünfziger Tische und Stühle mit dünnen Beinen, die sechziger Swimmingpools und die Sonne der Côte d'Azur. Die achtziger Jahre lassen sich nicht auf einen Stil reduzieren. Oder gerade das, diese Mischung der Gattungen und Stile, ist der Stil. Es war eine positive, sonnige und optimistische Zeit.

Unter all diesen Einzelpersönlichkeiten gelang es Michele De Lucchi, eine Führungsrolle zu übernehmen. In dieser Eigenschaft findet er sich 1981 auf der Titelseite der Zeitschrift *Domus*.

Wenige Gruppen nur werden in dieser Generation gebildet. Die Bolidisten mit Iosa Ghini sind eine Ausnahme. Diese 1986 gegründete Gruppe schwimmt im Kielwasser von Memphis und Alchimia und schafft aerodynamische Bilder und eine Comic-Strip-Graphik mit hohem Wiedererkennungswert. Geschwindigkeit ist ihr Lieblingsthema. Eine Vase ist zu entwerfen? Iosa Ghini erklärt: „Ich zeichne sie mit einer einzigen Linie, ganz anders als Memphis oder Alchimia, die mehrere Formen kombinieren. Ich nehme eine ganz reine, eine einseitig gerichtete Linie. Reinheit ist das Charakteristikum der Bolidisten." In der Januarausgabe 1990 von *Abitare* beschreibt Maurizio Corrado sie als „eine neue Rasse von Profis von größter mentaler und physischer Mobilität, die die Intuition als Austauschsystem verstehen und deren Betätigungsfeld der ganze Planet ist".

Aber wenn sich auch kein Stil definieren läßt, zu konstatieren ist jedenfalls, daß diese am Elite-Design und am signierten Objekt - bei Memphis hat jedes Objekt einen Schöpfer - geschulte Generation insgesamt für eine weite Verbreitung ihrer Kreationen eintritt. Matteo Thun sieht es gerne, daß sein für Campari entworfenes Glas in Millionen Exemplaren auf dem Markt ist, und Cibic hat seine Firma, prophetisch, hofft er, Standard getauft. Die Interaktion zwischen Design und Industrie ist ein weiteres Merkmal der italienischen Produktion, und De Lucchi betont: „Für Olivetti oder für Memphis arbeiten ist derselbe Unterschied wie für einen Glasbläser in Murano arbeiten oder für Pelikan, das meine Stifte für 5 Dollar das Stück produziert." Mag das Design auch je nach Partner variieren, durch weite Verbreitung wird jedes Objekt zum Symbol. Für die Italiener sind internationale Anerkennung und Eingang in die Geschichte essentielle Faktoren. Ein anderes Merkmal des italienischen Designs ist, daß großer Wert auf Qualität gelegt wird.

Doch die gleichen Designer, die für die Industrie und die Medien, z.B. den Sender RAI, arbeiten, fühlen sich auch zur Eigenproduktion hingezogen. Laura de Santillana schuf zusammen mit ihrem Bruder Alessandro die Firma Eos, um ihre Glasarbeiten zu verbreiten. Forcolini gründete Alias, Pallucco stellt seine Möbel selber her. Andere öffneten ihre Firmen der Produktion der Kollegen. Solche Kleinstrukturen der Eigenproduktion sind nur in einem Land möglich, in dem das Handwerk noch stark ist. So hat Italien tatsächlich ein sehr potentes und auch anpassungsfähiges Handwerk. Der italienische Handwerker kann, wenn er muß, mit der für manche Stücke unverzichtbaren Spitzentechnologie umgehen.

Die Eigenproduktion hat zwar den Vorteil der Freiheit und kennt nicht die Auflagen der Industrieproduktion, aber sie verschlingt einen großen Teil der Zeit der Künstler, die nicht immer auch Geschäftsleute sind. Manche haben ihre Firmen schon wieder verkauft, z.B. Pallucco. Andere, wie Forcolini, haben sich mit

AFS 102

starken Partnern zusammengetan, in diesem Fall mit Artemide. Die Öffnung des europäischen Marktes müßte logischerweise solche Konzentrationen fördern.

Das italienische Design hat die Avantgarde der achtziger Jahre mobilisiert. Die Bilder dieser Architekten waren in jener Dekade bekannter und erfolgreicher als die Produkte von Malern und Bildhauern. Das Design wurde zu einer zentralen Gattung, die die Vorstellung und die Sicht unserer Welt erneuerte. Aus diesem Grund rekrutiert sich die vierte Generation mehr aus Architekten als aus Graphikern oder Dekorateuren. In ihrem Ungestüm und ihren Innovationsdrang ging es Alchimia, Memphis oder den Bolidisten um Einfluß: Schafften ihre Schöpfungen den Sprung auf die Titelseiten der Weltpresse, war ihr Designkonzept eindeutig anerkannt.

Für die neuen Designer indes waren nicht mehr die Innovation der technischen Großtat oder das Funktionale das Entscheidende. Ihnen ging es vor allem um Elemente eines neuen Lebensstils. „Wir kommen ab", so Raggi, „von der Idee des 'exklusiven Hauses' aus einem schöpferischen Guß, wollen vielmehr das 'inklusive Haus', in dem Erinnerungen, Obsessionen, Marotten, Träume, Wünsche und Bilder ganz spontan und persönlich angehäuft werden, mit der Ordnung und der Anarchie eines Sammlers."

Nautilus, AFS 102, 1987
Kletterschuh aus Gummi und Plastik.
Hersteller: Asolo

„Wir sind", so wiederum Raggi, „aus der industriellen Ära in die handwerklich-industrielle Ära eingetreten. Es gibt nicht mehr einen Stil, sondern soviel Stile wie Konsumenten."

Die nächste Designergeneration wird von der Freiheit profitieren, die die vorangegangene etabliert hat, aber sie hat nicht mehr den Hintergrund der radikalen Architektur wie Alchimia oder Memphis. All das ist historische Vergangenheit. Sie ist geographisch verstreut und besteht aus Individuen, die nur durch ihre Energie zusammengehören, während die vierte Generation italienischer Designer unangefochtene Meister und präzise Bezüge hatte. Aber vielleicht wachsen diese Bewegungen, die wir heute als antinomisch wahrnehmen, noch zu einer zusammen.

Das letzte Jahrzehnt hat aus dem Design eine innovative kulturelle Institution gemacht, während die Architektur stagnierte. In Italien sind Politiker, Staat und Kontrollkommisssionen, gegenüber denen die Architektur sich behaupten muß, Bremsfaktoren. Da viele Designer eigentlich Architekten waren, und auch zum Teil in den USA und Japan als solche aktiv, wird sich das italienische Design in den neunziger Jahren wohl der Architektur zuwenden.

Wie Marco Zanini sagt: „Zwei Phänomene werden aus dieser Mutation entstehen: Die Design-Kultur wird in die Architektur eingeführt werden, und sie wird dadurch zutiefst verändert werden."

Nally Bellati

Credenza, 1987
Lackiertes Holz.
Prototyp

ALDO CIBIC

Aldo Cibic ist der Inbegriff des netten Jungen. Er wird 1955 in Vicenza geboren und interessiert sich schon früh für Dekoration. Ohne einschlägige Ausbildung renoviert er mit 17 Jahren sein Elternhaus vollständig und arbeitet dann in den großen Möbelhäusern von Lanaro in Vicenza und Padua.

Mit 22 Jahren geht er nach Mailand, versehen mit einer Empfehlung für die Tante einer seiner Freundinnen, deren Partner in der avantgardistischen Designszene ist. Die Tante ist niemand anderer als Barbara Radice, die spätere künstlerische Leiterin von Memphis, und ihr Freund, Ettore Sottsass, ist die Galionsfigur des italienischen Designs. Von Anfang an ist Ettore Sottsass beeindruckt von diesem jungen Mann, der nichts Intellektuelles an sich hat. Einen Monat nach seiner Ankunft ist Cibic engagiert.

Es beginnt eine Zeit des Lernens. Cibic arbeitet mit Michele De Lucchi, Matteo Thun und Marco Zanini zusammen. Er reist in die USA und lernt die Handschrift der großen amerikanischen Designer wie Peter Shire, der bald für die 1981 von Sottsass gegründete Firma Memphis arbeiten soll, kennen.

Im gleichen Jahr entsteht seine erste eigene Schöpfung, eine Bar aus Rosenholz mit Aluminiumrollade. Der Couturier Karl Lagerfeld ist entzückt und kauft drei Stück davon. Für sehr junge Designer wie Aldo Cibic ist Memphis eine große Chance: „Wir waren", sagt er, „damals alle unbekannt, und keiner hatte sich als Designer schon bewährt. Sottsass hat uns ausgebildet und uns in der gesamten Mailänder Gesellschaft eingeführt. In diesem Milieu galt Memphis als revolutionär und eher irritierend. Dank Sottsass versanken wir nicht in Selbstgefälligkeit und suchten einen wirklich interdisziplinären Design-Ansatz."

Möbel, Kaffeemaschinen, die Dekoration der Fioruccci-Häuser – alles interessiert ihn, und seine Arbeit reflektiert die Sensibilität Sottsass' so sehr, daß man von einer fast totalen Osmose dieser beiden Männer sprechen kann. Sottsass, der sich nach der Annahme der Entwürfe nur selten um die weitere Arbeit kümmert, vertraut Cibic den gesamten Kundenkontakt an: „Das Vertrauen, das er uns entgegenbrachte, war fast absurd", sagt Cibic heute.

Von 1984 bis 1988 ist Cibic verantwortlich für das Design der „Esprit"-Boutiquen, für Büros und Ausstellungsräume in Deutschland, der Schweiz, Dänemark und Australien. Langsam tritt er aus dem Schatten Sottsass' heraus und gelangt aus eigener Inspiration zu einem anderen Designbegriff. „Vielleicht wollte ich mich nicht mehr auf einen bestimmten Design-Typ festlegen. Mich zog vor allem die Art an, wie Dinge mit einander harmonieren und verschmelzen können." Der Geist von Memphis, der die Eigentümlichkeit jedes Objektes betont, befriedigte ihn auf die Dauer nicht. „Sehen Sie sich um", ruft er heute, „die Dinge sind alles in allem schrecklich: die Bänke in den Parks, die Telephonzellen... Die meisten Haushaltsutensilien sind von abstoßender Häßlichkeit. Ob affektiert à la Memphis oder gewollt bohèmehaft, das Ergebnis ist gräßlich. Ich hoffe, daß Designern mit einem Minimum an sozialer Verantwortung an der Verbesserung dieses Zustandes liegt. Was mich betrifft, ich glaube, daß ein ambitioniertes, aufwendiges Design kein Interesse verdient. Meiner Ansicht nach müßte eine unendliche Zahl von Gebrauchsgegenständen neu definiert werden. Will ich mich mit ästhetischen Dingen umgeben, muß ich sie selbst entwerfen. Das bedeutet neue Kontakte zur Industrie, die von ihrer Neigung, die Interessen des Verbrauchers als vorrangig zu behandeln, abkommen müßte." Folglich hat er seine eigene Firma gegründet, „Standard", die ganz strenge Objekte produziert: Sessel, Tische und Stühle aus lackiertem Holz in klaren Farben und Formen.

Aldo Cibic ist der nette Junge geblieben, der vor 13 Jahren Ettore Sottsass so erstaunte. Aber seine Erfahrung und der Aufschwung des Design in der internationalen Szene ließen ihn zu einer eigenen Formensprache finden.

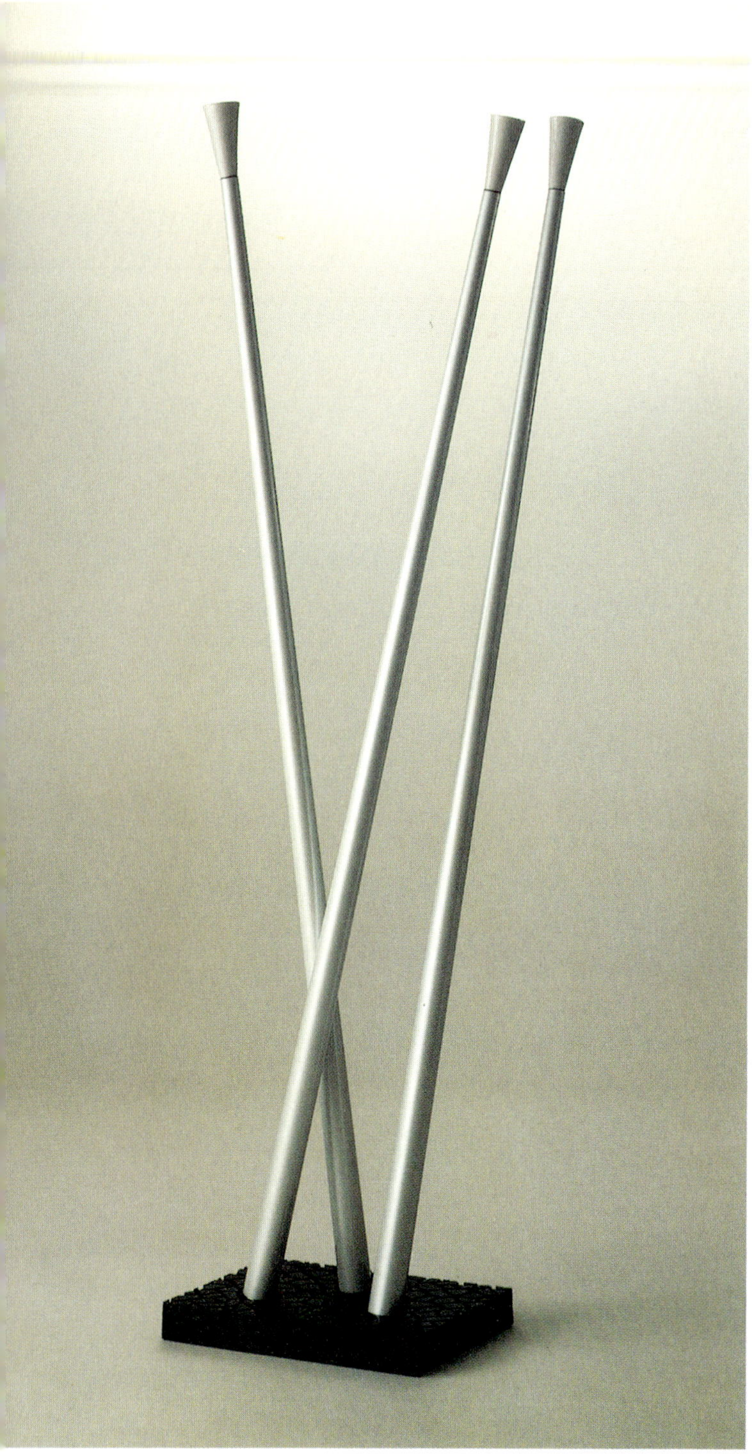

Buenos Aires, 1986
Lampe aus Keramik und Aluminium.
Hersteller: Memphis, Mailand

Andy, Sandy, Louis, 1987
Lackiertes Holz und kleiner Tisch aus Sperrholz, Nachttisch und Büchergestell.
Hersteller: Memphis, Mailand

Sophia, 1986
Schreibtisch aus lackiertem Holz und unbehandeltem Rosenholz.
Hersteller: Memphis, Mailand

Familie AC2, 1988
Stuhl aus Leder oder Stoff, Aluminium, Chrom.
Hersteller: Vitra International

ANTONIO CITTERIO

Zu Beginn seiner Karriere bewohnte Antonio Citterio in Monza, unweit Mailands, die prachtvolle Villa Archinto des Architekten Piermarini aus dem 18. Jahrhundert. Bald schon wurde aus dem Traumhaus ein Alptraum: „Natürlich war das Haus selbst herrlich", erinnert er sich. „Aber ich wurde fast verrückt. Ich war schrecklich isoliert, fern ab von der Welt des Design und von meinen Freunden, und wenn ich nach Mailand wollte, mußte ich das Auto nehmen."

Heute ist das alles anders. Citterio lebt mit seiner Frau, der kalifornischen Architektin Terry Dwan, die gleichzeitig seine Partnerin ist, wiederum in einem prächtigen Haus, aber nun in Mailand, in der via Brera, mitten im historischen Zentrum der Stadt. Die Vorliebe für bestimmte Bars in der Innenstadt (z.B. das Caffè Milano) brachte ihn mit Mitarbeitern von Sottsass, Marco Zanini, Matteo Thun, Aldo Cibic und Michele De Lucchi zusammen. In dieser entspannten Atmosphäre trugen ihm seine Diskussionen mit Ettore Sottsass einen Vertrag über das Design der „Esprit"-Boutiquen sowie von Ausstellungsräumen und Büros in Mailand, Amsterdam und Antwerpen ein.

Der 1950 geborene Antonio Citterio wuchs in Meda, vor den Toren von Mailand, auf. Diese kleine, inzwischen in den Vororten der lombardischen Metropole aufgegangene Stadt ist bis heute das Mekka der Möbelhersteller. Hier lassen sie sich nieder, die kleinen Handwerksbetriebe ebenso wie die Großunternehmen, die in Serie jene Tische, Stühle und Sofas produzieren, denen das italienische Design seinen weltweiten Ruf verdankt. Der Vater von Citterio, ein Schreiner und Möbeltischler, pflegte seine Werkstücke mit Kreide oder einem dicken Stift vorzuzeichnen; was ihm mißfiel, wurde nicht wegradiert, sondern überzeichnet.

Sehr früh schon hatte er seine eigene Hobelbank in der Werkstatt seines Vaters. „Ich verehrte ihn. Und ich fühlte mich dort im Kreise der Arbeiter richtig erwachsen. Mit 10 Jahren durfte ich noch nicht oft die Maschinen benutzen, aber ich schaffte es auch so, Spielzeug, Skulpturen und selbsterfundene mechanische Geräte – natürlich immer aus Holz – anzufertigen. Mein Vater sprach oft über Proportionen und Materialien, und eine gewisse Kenntnis dieser Elemente ist mir so ganz natürlich in Fleisch und Blut übergangen. In jener Zeit, als bedeutende Künstler die Möbel für Passagierschiffe wie die Andrea Doria entwarfen, hatte Cassina die Fabrikation der Objekte inne, aber das Gros der Vorarbeiten wurde in Meda ausgeführt. Namen wie Giuseppe Terragni, der der Vater der neuen italienischen Architektur in der Epoche zwischen den Weltkriegen ist, oder Gio Ponti begleiteten meine Kindheit. In den Augen meines Vaters jedoch fehlte diesen Symbolfiguren der modernen Architektur jegliches Gefühl für Proportionen."

Mit 18 Jahren, lange bevor er sein Architektendiplom der Technischen Universität Mailands in der Tasche hatte, entwarf Citterio ein Sofa, das prämiiert wurde und einen Hersteller fand. „Und doch" sagt er „lag mir nie wirklich daran, Objekte zu entwerfen, die meine Handschrift tragen. Ich neige wohl doch eher einer ausgeprägten Strenge der Formen zu."

Interieur, 1987-1989
(in Zusammenarbeit mit
T. Dwan und A. Kuoota)
Privathaus in Kumamoto,
Japan.
Auftraggeber: Die Stadt
Kumamoto

Esprit, Antwerpen, 1988 (in Zusammenarbeit mit T. Dwan und S. Caputo)
Innenansicht des Bekleidungshauses Esprit de Corps
und seine renovierte Fassade. Antwerpen.

Stummer Diener, 1989

Tisch aus Aluminium und Leder aus der Kollektion Domus.

Hersteller: B + B, Italien

Dieser erste kommerzielle Erfolg erlaubte ihm, mit 20 Jahren in ein eigenes Studio zu ziehen und zwei Jahre später eine Zusammenarbeit mit Paolo Nava zu beginnen, die er 1981 aufgab. Seitdem hat Antonio Citterio viel Erfolg mit seinen Sofas und Sesseln eingeheimst, und er arbeitet regelmäßig mit so berühmten Firmen wie B+B und Flexform zusammen.

1987 errang er mit seinem Sofa Sity den Goldenen Kompaß. Aber Antonio schätzt es nicht, wenn sein Name mit einem bestimmten Objekt-Typ assoziiert wird. Tatsächlich ist sein Design, da es sich niemals Moden unterwirft, sicher nicht repräsentativ für einen Stil oder eine Epoche. Im übrigen widmet er den Möbeln nur einen Bruchteil seiner Aktivität. Neben seiner Arbeit für B+B, Flexform und Tisettanta, neben seinen Küchen für Boffi und Arc Linea, seinen Lampen für Artemide und seinen Modulsystemen für Isa de Pérouse, wird Citterio bald in Seregno bei Mailand den Bau eines riesigen Einkaufszentrums in Angriff nehmen und so in neue, städtebauliche Dimensionen eintreten. Oft fliegt er nach Japan, wo er gerade den Bau eines Hauses vollendet hat und den eines zweiten in Angriff nimmt.

Aus dieser Arbeit bezieht er Energie und Inspiration. „Ich entferne mich gerne von der Strenge, die Tradition und Gewohnheit den Dingen aufgezwungen haben," sagt er, „für mich ist Diskontinuität, indem sie neue Themen hervorbringt, eine Bereicherung für die Dinge. Kontinuität ist langweilig!"

Antonio Citterio arbeitet auch mit diversen Forschungszentren zusammen und kann so Elemente der Spitzentechnologie in sein Design integrieren. Aber die Technik ist nicht notwendig ein Garant für „gutes Design": Ideen, Kreativität und ein guter Kundenkontakt sind ebenso unverzichtbar.

Derzeit widmet Citterio sich vor allem seiner Kollektion, einer Serie von Bürostühlen für Vitra, die Firma, die noch immer die Möbel des großen Charles Eames, für Citterio die ultimo ratio, herstellt. Und die Vorstellung, daß seine Kollektion neben dem vor 30 Jahren entworfenen Mobiliar dieses berühmten Designers bald ausgestellt werden wird, ist für ihn die Erfüllung eines Traumes.

Sity, 1986
Sofa und Sessel aus Stoff
oder Leder.
Hersteller: B + B, Italien

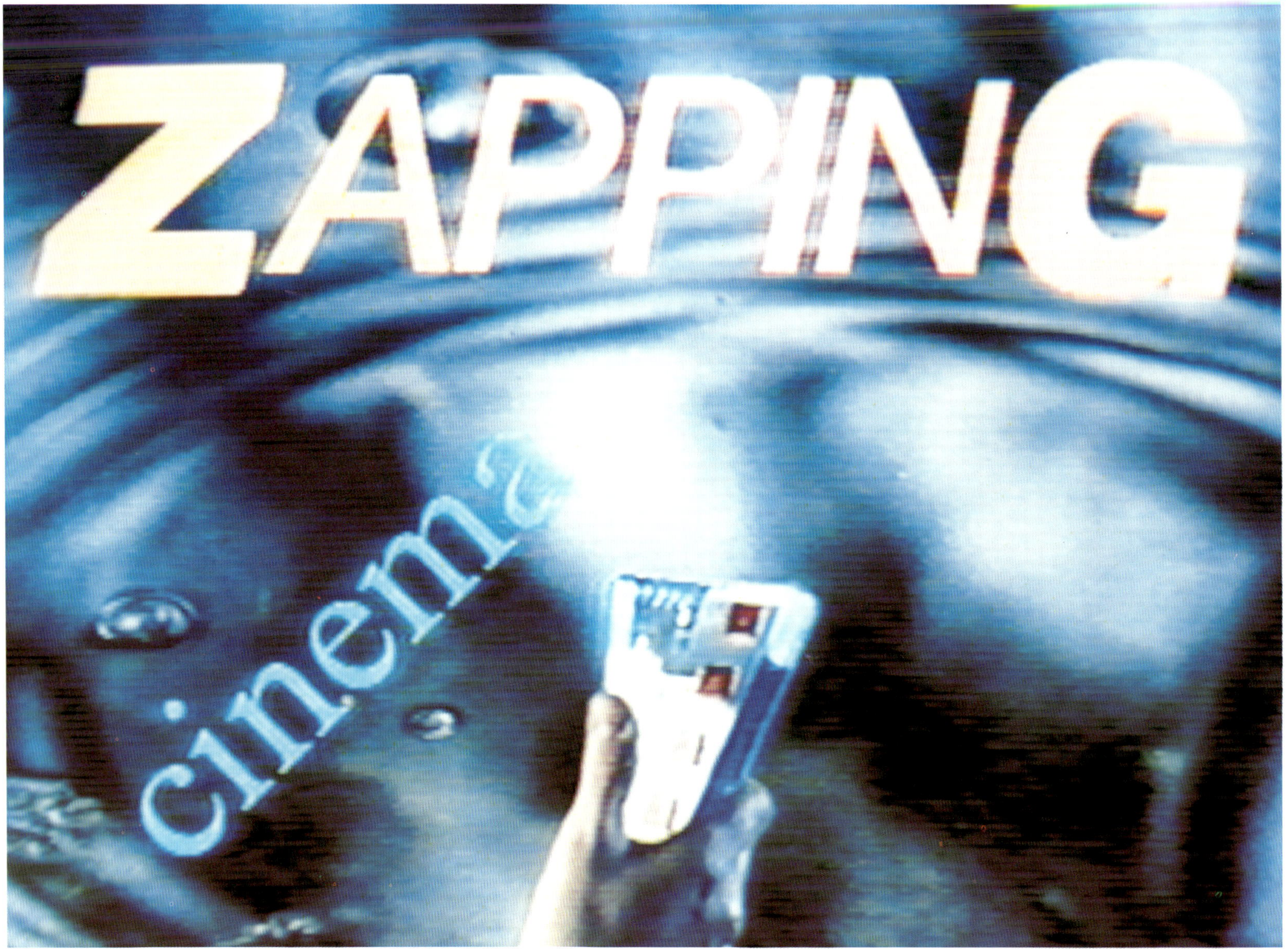

Immagina - Sogni e Segni del Nostro Tempo (Stell Dir vor - Träume und Zeichen unserer Zeit), 1986
Fernsehbilder.
Auftraggeber: RAI Uno

MARIO CONVERTINO

Jeden Dienstag um 11 Uhr morgens verläßt Mario Convertino Mailand und fährt für drei Tage zum Arbeiten nach Rom. Er steigt in seinen grauen Lancia Thema, das Prestigeauto der italienischen Politiker und Manager. Neben ihm liegen ein Block und ein weißer Kugelschreiber für Notizen. Tatsächlich kommen Convertino während dieser vier Stunden auf der Autobahn die besten Ideen für seine avantgardistischen Videographiken. Die von der Landschaft ausgehende Dynamik und Energie sind Stimulantien für sein Gedächtnis. In seinem zum Büro umfunktionierten Auto hängt er sich sogleich ans Telefon, das andere Prestigegerät Italiens. Mario Convertino übermittelt seine Ideen dem Team in Mailand oder Rom, die sie in die Tat umsetzen. „Ich kann nicht im Büro denken", sagt er, „Spaziergehen hilft, aber meine besten Einfälle habe ich auf langen, einsamen Autofahrten."

Mario Convertino hält sich für den besten Videodesigner der Welt. Dieses megalomanische Urteil ist so abwegig nicht, denn seine unglaublich raffinierten Videodesigns sind unter dem Namen „Convertino-Stil" ein Begriff. Es ist dies ein jugendlicher, präziser Stil aus faszinierenden, hypnotischen Primärfarben, dessen graphisches, auf das Wesentliche reduziertes Design immer wieder nachgemacht wird. Mit RAI, dem staatlichen Fernsehsender, als Hauptkunden, steht Convertino alles, was gut, neu und teuer ist im audiovisuellen Bereich zur Verfügung.

Convertino stammt aus kleinen Verhältnissen und wollte nicht wie seine Brüder im Büro versauern. Sein Vater, ein Frisör, hatte die Idee, ihn in eine Typographenlehre zu geben. Später ging er an die Designschule Castello Sforzesco in Mailand. Nach Abschluß des Studiums beschloß er, Graphikdesigner zu werden, „denn", so sagt er, „ich wollte mir nicht die Hände schmutzig machen!"

Mario Convertino ist dann auch der Mann der genialen Ideen, die andere ausführen. Er macht zunächst Entwürfe für die Plattenhüllen der Schallplattenfirmen Ariston und RCA. Stilistisch erkennt man hier den Einfluß der damals hochmodernen aerographischen Malerei.

Diese sehr umstrittenen Plattenhüllen machen ihn berühmt. 1983 bietet ihm Paolo Giaccio, der Produzent und Direktor bei der RAI ist, das Design für eine Sendung an mit dem Titel „Mister Fantasy", die alle Ereignisse rund um die Plattenindustrie zum Thema hat. „Giaccio bat mich um Clips mit graphischem Design, was damals eine Neuheit beim Fernsehen war. Wir begannen mit der Arbeit an einem Graphikcomputer in Turin, in raffiniertest ausgestatteten Studios. Es war die Geburt der Videographik. Die Clips für 'Mister Fantasy' begannen auf weißem Grund, dann erschienen sehr schnell, als Flash, elektronische Zeichnungen und ein Alphabet von 21 Zeichen, das den phantastischen *image-code* der Musik symbolisierte."

Der Erfolg ist so groß, daß das Alphabet Convertinos sogar auf Bonbonverpackungen auftaucht. Das hat er zufällig entdeckt, in einem Werbespot eines Privatsenders.

Convertino wechselte dann erfolgreich zu einem anderen Avantgarde-Programm über: „Immagina – Sogni e Segni del Nostro Tempo" (Stell dir vor - Träume und Zeichen unserer Zeit), das an der Grenze des traditionellen graphischen Designs operierte.

1990 übertrug ihm RAI die großartige Funktion des künstlerischen Leiters für alle Fernsehausstrahlungen zur Fußballweltmeisterschaft. Im Gegensatz zu anderen Übertragungen aus dem Sportgeschehen läßt RAI die Videographiken Convertinos vor, während und nach den Spielen erscheinen. Als Raum-Zeitsprung – nach einem von der venezianischen Schriftart des 18. Jhdts., Garamont, ausgehenden technologischen Schema geschaffen – werden sie, die auf Olivetti-Computern entwickelt wurden, zu einem neuen, internationalen Symbol. Sein Stil erweist sich damit als leidenschaftliche Suche nach einer Brücke zwischen Hochtechnologie und Geschichte.

Heute träumt Convertino davon, künstlerischer Direktor bei Cable News Network (CNN) zu werden, und ist überzeugt davon, daß dieser Sender von seinem neuen europäischen Konzept des audiovisuellen Graphik-Designs nur profitieren kann.

Lascia o Raddoppia? (Aufhören oder verdoppeln), 1990
Titel für eine humoristische Video-Sendung.
Auftraggeber: RAI Uno

Cinema Italiano: Um Futuro que Vem de Longe (Eine Zukunft, die von weit her kommt), 1989
Katalogumschlag eines Filmfestivals.
Auftraggeber: Ente Gestione Cinema

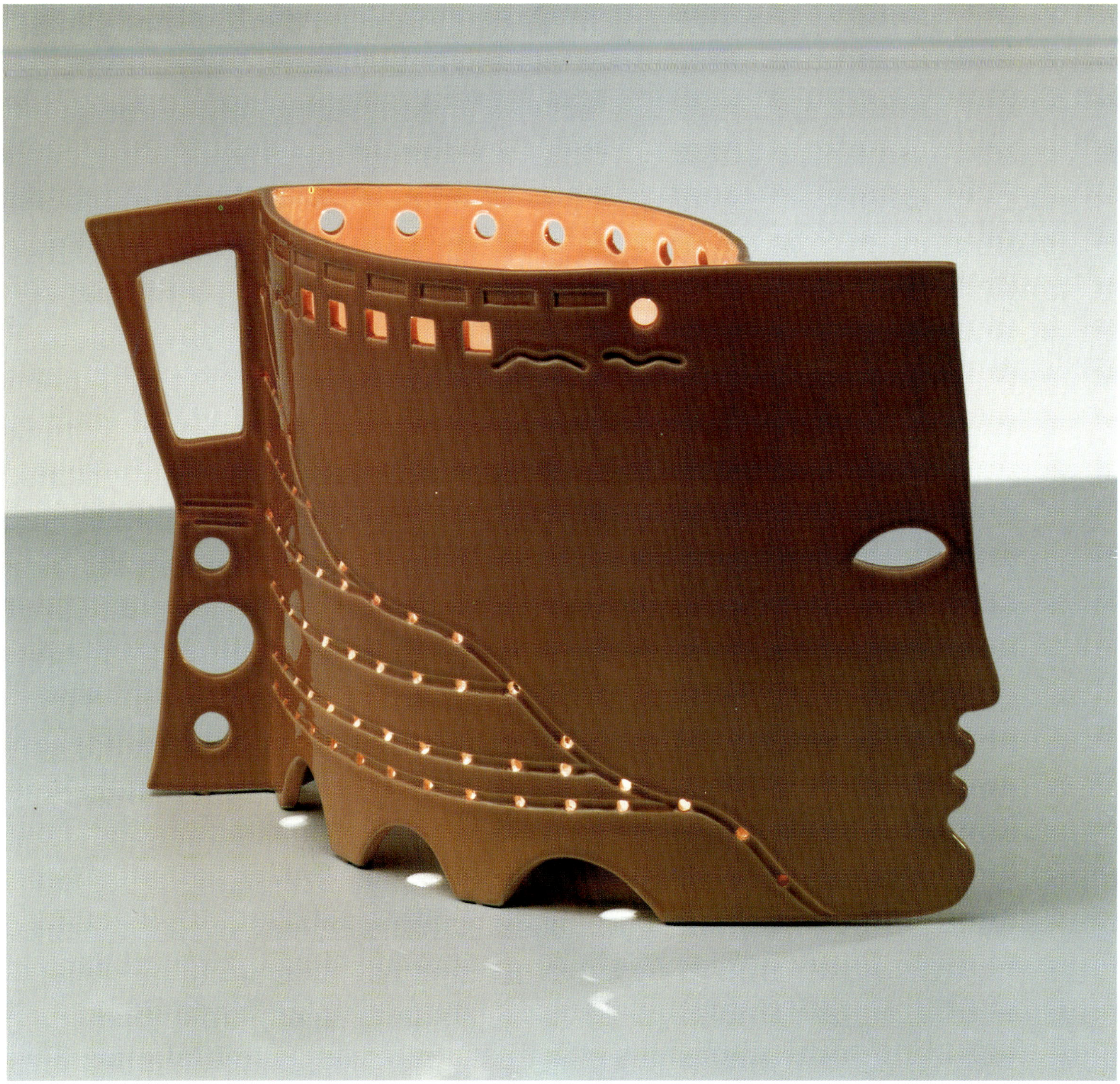

Sirena Partenope
(Die Sirene Partenope),
1989
Vase aus Keramik.
Hersteller: Viba

GIUSEPPE D'AMORE

Der 1952 geborene Giuseppe D'Amore stammt aus einer Arbeiterfamilie, die große Opfer brachte, um ihm eine solide Ausbildung zu ermöglichen. „Ich habe in den sechziger Jahren Architektur in Venedig studiert. Das war eher frustrierend", erinnert er sich. „Die Universität war dauernd geschlossen wegen Streiks oder sit-ins, und das bedeutete für mich den Verlust kostbarer Zeit, durchaus wörtlich, denn die Universitätskosten waren hoch. Ich war solidarisch mit den politischen Ereignissen, aber jede für das Studium verlorene Minute bedeutete zusätzliche Opfer für meine Eltern."

Im Rückblick sagt D'Amore, daß er Venedig wegen des Meeres gewählt hat und die Architektur, weil er sie für die Mutter aller Künste hielt. „Aber eigentlich wußte ich nichts von der Architektur. Z.B hatte ich nie Kontakt zu der Gruppe radikaler Architekten, die doch damals in Florenz sehr en vogue war."

Während des Studiums fand er Arbeit in einer Kleinstadt bei Pisa. Man übertrug ihm das Design von Schlafzimmermöbeln, einer damals sehr geschätzten Sparte. Aber durch die Arbeit mußte er mindestens einmal in der Woche verreisen, und diese zwei Jahre Zugfahren haben ihn allergisch gegen die Eisenbahn gemacht. „Ich brauche ein Zugabteil nur zu betreten und bin schon krank," sagt Giuseppe, „eine Art Erkältung, die verschwindet, sobald ich am Ziel ankomme."

Drei Männer gibt es, denen D'Amore sehr dankbar ist, weil sie privat oder beruflich viel für ihn getan haben. Der wichtigste ist sein Vater. „Er hat mich eine Unmenge von Dingen gelehrt. Toleranz z.B. und das Zuhören-Können; was gar nicht so einfach ist, wie es scheint. Aber wer zuhören kann, kann sich auch mitteilen."

Giuseppe erinnert sich auch an den Maler Giulio Turcato, seinen Lehrer am Gymnasium. „Turcato glaubte, daß man nur in Etappen lernen kann. Er wollte z.B., daß ich eine Statue detailgetreu kopiere. Erst wenn mir die perfekte Kopie gelungen war, durfte ich sie verändern."

Der dritte, dem D'Amore sehr dankbar ist, ist der Architekt Riccardo Dalisi, mit dem er an der Universität gearbeitet hat. „Er vermittelte mir eine neue Sicht der Architektur, er lehrte mich den Raum hören, wahrnehmen."

D'Amore arbeitet viel mit Metall, dessen Biegsamkeit er schätzt, und er sucht stets die extrem reine Form. In jüngerer Zeit hat er sich aber auch festeren Materialien zugewandt. Der Stuhl „Canto" von 1986 zeigt seine stille, poetische Seite, denn er symbolisiert für ihn das Lied und läßt Verstand und Gefühl miteinander verschmelzen. „Dominiert einer dieser Faktoren den anderen", so D'Amore, „entsteht ein Ungleichgewicht, und das beinhaltet eine Gegenwahrheit. Genauso zeichne ich auch eine Linie, und sie bedeutet nichts, solange ich ihr nicht zwei Orientierungsachsen gebe. Der Obelisk ist die vollkommene Illustration dieser These. Er gibt einem von Natur aus unartikulierten Raum Gerichtetheit. Die antike Architektur gründet sich auf dieses Prinzip, und ich glaube, daß wir versuchen sollten, sie in eine zeitgemäße Sprache zu übertragen."

Die Mehrheit der von D'Amore entworfenen Objekte sind Einzelstücke oder in begrenzter Stückzahl hergestellt. In letzterem Fall arbeitet er eng mit mehreren Handwerkern zusammen, namentlich mit Metallschweißern. Er glaubt, daß beim Übertragen

Disposizione (Disposition), 1988
Skulptur aus Stahldraht und Gold.

eines zweidimensionalen Schemas auf ein dreidimensionales Objekt das Design verändert wird. „Das ist auch in der Architektur der Fall. Selbst das perfekt entworfene Haus muß bei der Realisierung leicht abgewandelt werden."

Das Oeuvre Giuseppe D'Amores ist schon mehrmals in Italien und international ausgestellt worden. Zwischen Reflexion, Forschung und der Realisierung von Projekten größter Spannweite (wie der Keramik für Viba) lebt er friedlich am Mittelmeer. Er zog diese Lösung einer Entwurzelung, wie sie ein Umzug nach Mailand für ihn bedeutet hätte, vor, auch wenn dort die Arbeitsbedingungen besser sind. „Ich habe dort keine Wurzeln", erklärt er, „und ich weiß heute, daß ich ohne Wurzeln keine Identität habe. Aber ich bin regelmäßig in Mailand, der Stadt meiner ersten Anfänge, wo ich ins Studio Alchimia zog mit Koffern voller Objekte, die ich Alessandro Mendini, dem Designer, den ich damals am meisten bewunderte, zeigen wollte. Ich war wie der Gastarbeiter, der in seine Wahlheimat kommt."

Heute ist er von der konstanten Entwicklung der Wohnverhältnisse fasziniert. „Als der Vater allein zu arbeiten pflegte und die Kinder zahlreich waren, war der Tisch, um den man sich zum

Essen versammelte, mehr noch als der Ofen das Zentrum des Hauses. Heute gehen immer mehr Frauen arbeiten, und die Kinder haben einen Schlüssel. Als Resultat sind Familienzusammenkünfte praktisch verschwunden, und damit auch die Orte dafür."

Der Traum Giuseppe D'Amores ist es, ein sakrales Gebäude zu entwerfen. „Für mich", sagt er, „sind die Kathedralen und griechischen Tempel die Essenz aller Architektur. Ich bin davon überzeugt, daß wir alle ein gewisses religiöses Bewußtsein haben. Ist Religion nicht auch bereit sein, dem anderen zuzuhören?"

Prima dell'Architettura (Vor der Architektur), 1986

Kleid aus Eisendraht.

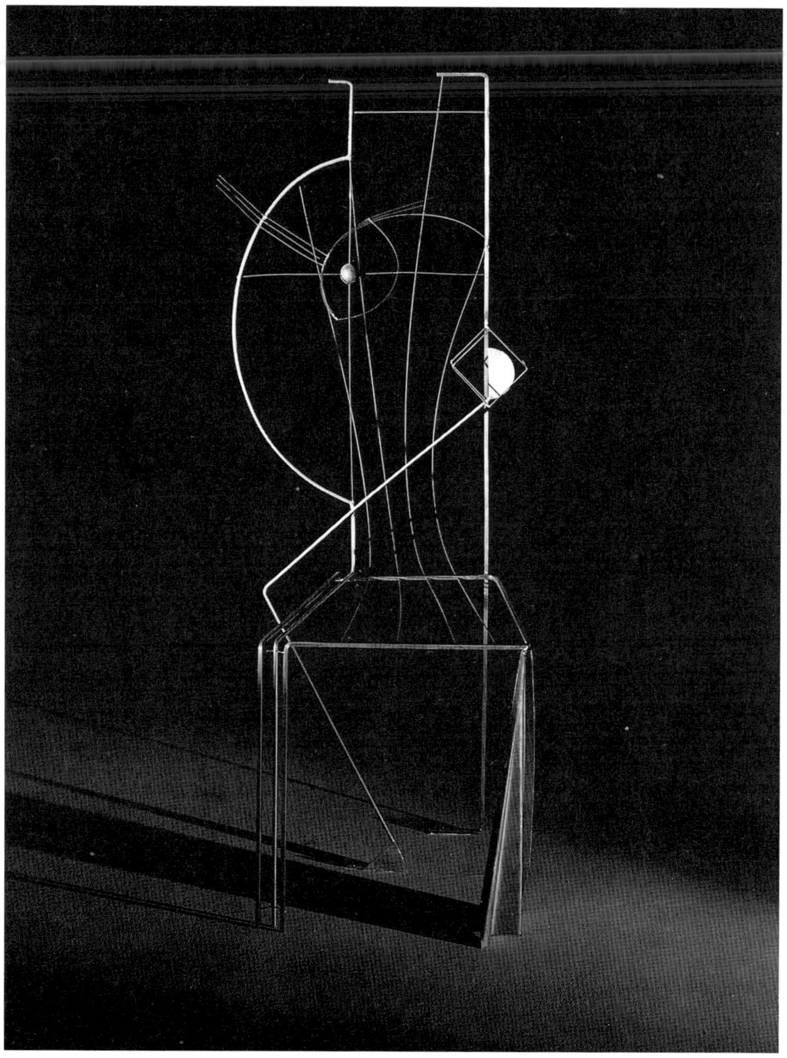

L'Orologia Senza il Tempo (Uhr ohne Zeit), 1986
Uhr aus Eisen
und Gold.
Hersteller: One Off

Madonna con Bambino (Die Jungfrau mit dem Kind), 1986
Stuhl aus Eisen, Stahl
und Messing.
Hersteller: One Off

Besteck, 1984
Besteck aus Kupfer und Messing.
Prototyp für Alessi

Halterung für
Klebeband, 1987
Plastik.
Hersteller: Pelikan

MICHELE DE LUCCHI

Das Atelier von Michele De Lucchi hat, nach der Ansicht anderer Architektenbüros in Italien, den Vorzug, nicht spezialisiert zu sein. Genauer gesagt, es ist spezialisiert auf Kreativität im industriellen Bereich: Graphikdesign, Produktdesign, Interieurdesign, Ausstellungsdesign, Architekturdesign. Es geht allein um die Ausarbeitung, Manipulation und Produktion von Bildern. Durch die permanente Zusammenarbeit mit unterschiedlichen Milieus erhält das Atelier die Anregungen zu neuen, starken Bildern, die auf ein engeres Spektrum beschränkte Firmen zu liefern nicht imstande wären.

Michele De Lucchi ist 1951 in Ferrara geboren, als einer von neun Söhnen. Einer seiner Brüder, Ottorino, ist sein Zwilling. Sie wollten beide Architekten werden und warfen eine Münze. Michele gewann. Ottorino ist heute ein brillanter Chemiker. Michele ging mit 18 Jahren nach Florenz, wo er Architektur studierte. Die Wahl dieser Stadt erwies sich als entscheidend für die Zukunft. Er traf dort Adolfo Natalini, eine charismatische Figur aus dem Kreis der radikalen Architekten. Michele erlag dem Reiz dieser Architektur, die vor allem von der Konzeption und weniger von der Realisierung von Projekten lebte.

Eine andere entscheidende Episode war die umstrittene Triennale 1973 in Mailand. De Lucchi hatte sich für sie als napoleonischer General verkleidet. Er wollte damit zeigen, daß der Designer, indem er den Dingen eine bestimmte Form gibt, das Verhalten des Benutzers bestimmt, und daß infolgedessen sein Verantwortungsgefühl größer sein müßte.

In der Folgezeit öffnete ihm seine Verbindung mit der radikalen Bewegung und die Freundschaft mit Ettore Sottsass und Alessandro Mendini die Türen der Mailänder Designerszene. 1978 beschließt er den Umzug nach Mailand. Er arbeitet eine Zeitlang in der Abteilung „Forschung und Design Centrokappa" bei Katell, wo er mit der Organisation der Ausstellung „Il Design Italiano degl'anni '50" (Das italienische Design seit den 50er Jahren) und der Herstellung des Kataloges betraut wurde. Nach der Einführung in das Atelier Sottsass' durch seinen Freund Marco Zanini wird er sein Assistent bei Olivetti Synthesis und widmet sich ausschließlich dem Design von Büromöbeln.

Heute arbeitet De Lucchi nur noch einen Teil der Woche bei Olivetti in Mailand. Die Welt des Büros erzeugt eine Kulturform, die ihm zufolge interessant ist, weil sie ein Mobiliar hervorbringt, das fundamental anders ist als dasjenige für Wohnungen. „Wichtig beim Büromöbel ist", erklärt er, „daß es nicht auf ein Bild hin konzipiert ist, sondern auf Flexibilität und Kombinierbarkeit des Systems. Das Designkonzept für Wohnmöbel ist ein ganz anderes: Der Designer muß ein Objekt entwerfen können, das vor allem ästhetisch ist."

Zur Zeit der Entstehung von Memphis 1981 entwirft er einige seiner berühmtesten Stücke: „Krystal", einen Kaffeetisch, „Sebastopol" (1982), einen Marmortisch, und den Stuhl „First" (1983).

Damals lehnte er das aggressive und schockierende Image der Technologie radikal ab. „Technische Objekte haben immer etwas Gewalttätiges und Hartes, niemals etwas Zärtliches, Heiteres. Und dann hat mich besonders das Fehlen eines Bezuges auf die Funktion der Haushalts- oder Stereogeräte gestört. Letztere z.B. hätten meiner Ansicht nach ikonographisch auf die Welt der

Via Goito, 1989

Stuhl aus Bugholz.
Prototyp für die
Ausstellung
„Promosedia"

Musik hinweisen müssen." Mit anderen Worten, De Lucchi glaubte, die Technologie könnte ihr Image durch die Entwicklung anderer Ausdrucksweisen ändern. Also wandte er sich endgültig von der Farbe Schwarz ab und entwarf bunte Walkmans und Stereogeräte und verband so Ästhetik mit Funktionalität. „Avantgardistisch sein, den Ton angeben ist ein Teil meiner Arbeit", sagt er.

1982 wird er zum Vertreter der „Neuen Architektengeneration" und erscheint auf der Titelseite der Zeitschrift „Domus", des führenden Designermagazins.

Michele De Lucchi erklärt: „Ich bin in gewisser Weise der Botschafter einer neuen Generation. Da ich mich in verschiedenen Bereichen umgetan habe, kann ich ebenso über Industriedesign reden wie über Möbeldesign. Und ich finde immer noch Zeit für die Architektur... Architekten arbeiten für die Ewigkeit. Das ist im Design unmöglich, denn die Erfordernisse sind hier sehr viel unterschiedlicher und aufgesplitterter."

Michele De Lucchi entwirft seine Möbel ohne Rücksicht auf die Nachfrage. Seine Lampen werden von Artemide vertrieben, der Firma, mit der er seit sechs Jahren zusammenarbeitet. Bei der Messe Euroluce 1987 verkaufte er in fünf Tagen 10 000 Exemplare seines Modells „Tolomeo", ein für diese Art Artikel außergewöhnlicher Erfolg. Und er macht noch mehr. Er entwirft Küchen für RB Rossana, Marmormöbel für Up & Up, Glasmöbel für Emar sowie Metallmöbel für Bieffeplast.

De Lucchi arbeitet für Schweizer und Deutsche, und 40% der Produktion seines Ateliers gehen nach Japan. Bei allem findet er noch die Zeit, regelmäßig in die USA zu fliegen, als Lehrer oder als Vortragsredner.

De Lucchi ist der Motor der Bewegung Solid, einer Forschungsgruppe von acht jungen Designern - Italienern und Nicht-Italienern - die entstanden ist, um die Nach-Memphis-Ära zu gestalten.

Zutiefst davon überzeugt, daß eine der Aufgaben des Designers das Nachdenken über die eigene Zeit ist, sagt Michele De Lucchi: „Daß es heute so leicht ist, das Design der fünfziger, sechziger und siebziger Jahre zu erkennen, beweist, daß das Design wie die Mode ein Spiegel der Zeit sein muß."

Vasen, 1987
Keramik.
Hersteller: Ceramicha,
San Marco

Küche Kollektion 214,
1985
Verschiedene Materialien.
Auftraggeber: RB
Rossana

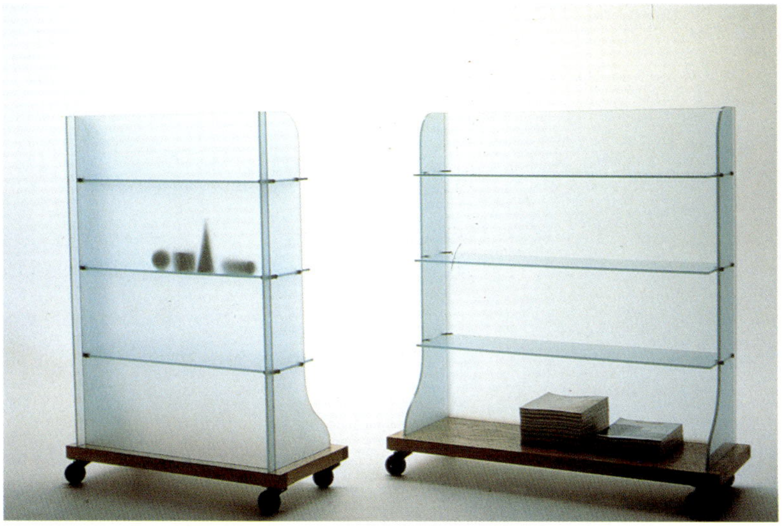

Oben links:
Delphos, 1985-86 (in Zusammenarbeit mit Ettore Sottsass).
Schreibtisch aus Holz und lackiertem Metall.
Hersteller: Olivetti

Unten links:
Platone (Platon), 1988
Bücherregal aus Glas.
Hersteller: Emar

Oben rechts:
Como, 1988
Kommode mit Schubladen,
Unbehandelter Nußbaum.
Hersteller: Consonni International

Unten rechts:
Segmenti (Segmente), 1989
Büro-Accessoires aus Plastik und Gummi.
Hersteller: Kartell

Cactus, 1989
Glasvasen mit
murrhinischen Motiven.
Prototypen für die
Ausstellung „Salzburg"

LAURA DE SANTILLANA

Vor einigen Jahren beschlossen Laura de Santillana und ihr Mann, ein Händler russischer Kunst, von Venedig in die Toskana zu ziehen. Für eine Venini, deren Familie aufs engste mit der Renaissance der venezianischen Glasbläserkunst im 20. Jhdt. verbunden ist, hätte das eine echte Entwurzelung werden können. Aber so war es nicht. Die heute 35jährige Laura de Santillana, die in New York an der Akademie für visuelle Kunst Graphik und Illustration studiert hat, empfand den Wechsel als Wohltat. Diesen Drang nach Unabhängigkeit hat sie vielleicht von ihrem Großvater, dem Anwalt Paolo Venini aus Como, der der Gründer des berühmten Unternehmens in Murano ist. Er liebte Venedig und war immer schon vom Glas fasziniert. Aber erst um 1920 tat er sich mit einem venezianischen Antiquar zusammen und gründete in Murano eine Firma, die die erprobtesten Glasbläser beschäftigte.

Die Mehrzahl der großen italienischen Künstler und Architekten hat seinerzeit für Venini gearbeitet: Gio Ponti, das Büro BBPR, Carlo Scarpa, Napoleone Martinuzzi und Fulvio Bianconi, deren Werke inzwischen exorbitante Preise erzielen. Was Venini damals vertrat, hatte nichts mit der zeitgenössischen Produktion Muranos zu tun. Bei ihm gab es keine komplizierten, überladenen Objekte, wie sie in den anderen Fabriken überwiegend entstanden. Venini zog das Leichte vor. Lauras Vater, der Architekt Ludovico de Santillana, trat 1959 in das Unternehmen ein. Er besaß ein Diplom der Technischen Hochschule Venedigs und hatte mit dem großen finnischen Architekten Alvar Aalto zusammengearbeitet.

Diese Herkunft erklärt, warum sich bei Laura de Santillana Tradition mit geistiger Freiheit verbinden kann.

Sie wurde sehr früh in die Geheimnisse des Familienunternehmens eingeweiht. „Ich ging nachmittags nach der Schule oft ins Atelier. Ich erinnere mich noch an den Lärm und an den Geruch des geblasenen Glases," erinnert sie sich. „Meine Arbeit heute hat viel mit diesen Wahrnehmungen aus meiner Kindheit, dem Geruch des Ofens, wenn man das Atelier betrat, dem Lärm des Hammers zu tun." Für sie mit ihrer perfekten Materialkenntnis fordert das Glas vom Designer beständige Demut, denn der Prozeß des Übergangs vom festen in den flüssigen Zustand erfordert höchste Sensibilität. „Wissen Sie," bemerkt sie, „die Architekten, selbst die bekanntesten, die es nicht für nötig halten, einmal das Verhalten des Glases während des Blasens zu beobachten, produzieren oft Stücke, die viele nachträgliche Korrekturen brauchen."

Für die Herstellung ihrer oft von der Natur inspirierten Stücke bedient sich Laura de Santillana des Könnens eines Glasbläsermeisters, mit dem sie seit 15 Jahren zusammenarbeitet. Er weiß genau, was sie will. Eine Eigentümlichkeit ihrer Werke ist, daß sie aus einem hohen, schlanken Element bestehen, das auf einem massiven Sockel sitzt. Ihre Vase „Biro" (Venini, 1983), ein zweifarbiger, luftiger Kegel auf einem runden, transparenten und schweren Sockel ist ein Paradebeispiel für ihren Stil.

1986 hat Laura de Santillana zusammen mit ihren Brüdern Alessandro und Paolo und ihrer Mutter Anna Venini die Firma „Eos" gegründet. „Das Familienunternehmen wurde vom Ferruzzi-Trust übernommen, aber wir wollten weiter qualitätvolles Glas herstellen. So entstand Eos, die Göttin der Morgenröte, des anbrechenden Tages, mit der wir nur hochwertiges Glas produ-

zieren. Wir bringen drei Kollektionen zu je einem Dutzend Stücke pro Jahr heraus."

Laura de Santillana entwirft auch Lampen, die es ihr ermöglichen, die Wirkung von Licht auf Glas zu studieren. Ihre Devise ist in jedem Fall „funktionelle und ästhetische Harmonie". Ihr Stil ist leicht avantgardistisch und ihre persönliche Auffassung von Design und Material führt sie über das bereits Bestehende hinaus und zum Nachempfinden und Aktualisieren antiker Formen.

Bis heute gestaltet Laura de Santillana die Produktion von Eos selbst. Ihr Vater und ihr Bruder Alessandro helfen ihr gelegentlich. Massimo Morozzi, der der Avantgarde-Gruppe Archizoom angehörte und der sich seit 1982 auf das Design von Objekten für den häuslichen Bereich konzentriert, und der englische Designer Arlon Bayliss sind die einzigen Nicht-Familienmitglieder, die an den Eos-Kollektionen mitgearbeitet haben. Laura de Santillana hat für die nächsten Jahre genug zu tun, aber sie hofft, auch noch Zeit zu finden, um Glasschmuck und Möbel zu entwerfen und ihren Traum verwirklichen zu können: Gärten zu entwerfen.

Die Kerze, 1989
Lampe aus Kristall und Aluminium.
Hersteller: Eos

In Delphi, 1989
Schreibtisch-Lampen mit
Lampenschirmen aus
Mattglas.
Hersteller: Eos

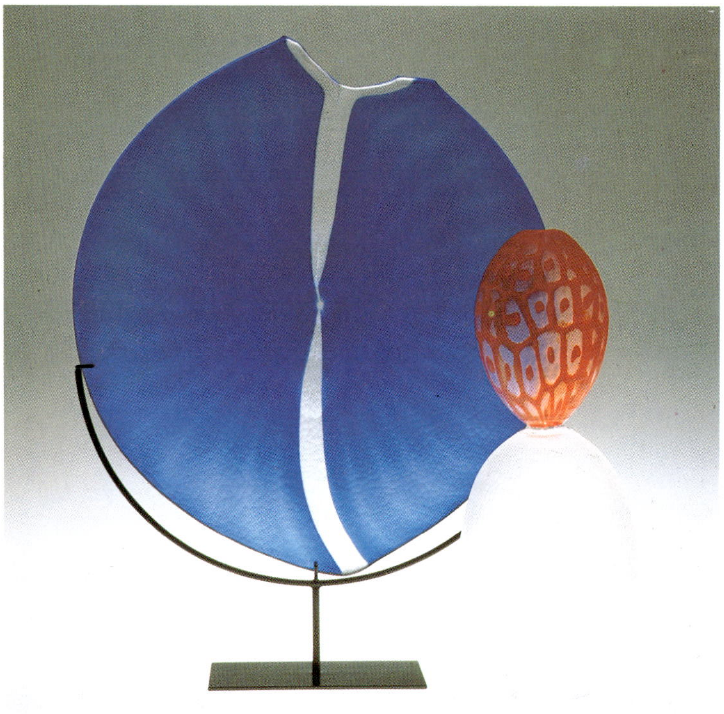

Oben links:
Biro, 1983
Drei Vasen aus geblasenem Glas.
Hersteller: Venini

Oben rechts:
Pilar, 1989
Glasflaschen mit murrhinischem Dekor.
Hersteller: Eos

Unten links:
Patagonia, 1989
Vasen aus geblasenem Glas.
Hersteller: Eos

Unten rechts:
Nymphea e Cactus, 1989
Teller und Vase aus geblasenem Glas.
Ausgeführt für die Ausstellung „Salzburg"

Angeli/Diavoli
(Engel/Teufel), 1988
Vase und Schale aus
geblasenem Glas.
Hersteller: Eos

Apocalypse Now, 1984
Tisch aus verchromtem
Stahl und Cor-Ten mit
zentraler Lampe.
Hersteller: Alias

CARLO FORCOLINI

Carlo Forcolini wurde 1947 in Como geboren und hat vorwiegend in Mailand an der Kunstakademie Brera studiert, wo sein Lehrer der Maler Mauro Reggiani war. „Künstler am Ende der sechziger Jahre zu sein war nicht sehr respektabel, denn damals bedeutete Künstler sein, sich den Regeln des Kunstmarktes und des verachteten Kapitalismus zu beugen." Forcolini hielt sich nicht abseits von den Protestbewegungen, um nervös zu beobachten, wie die „barbarischen Horden" über die abendländische Kultur herfielen. Er nahm an den Ereignissen teil, ja er war sogar verantwortlich für eine extrem linke Tageszeitung, *Il Quotidiano dei Lavoratori* (Zeitung der Arbeiter).

„1973 war der Sturm fast vorüber, ich hatte mich angepaßt, vor allem, glaube ich, dank Vico Magistretti, der in meinem Haus wohnte." Der 1920 geborene Magistretti war bereits eine der Leitfiguren des italienischen Designs. Und er war ein brillanter Kopf mit überwältigendem Charme. Kein Wunder, daß Forcolini und er sich so gut verstanden. „Bei ihm zeichnete ich extrem extravagante Objekte, die ihn amüsierten. Vielleicht ganz einfach deshalb, weil sie die Monotonie seines Ateliers unterbrachen." Forcolini erinnert sich noch an den Eifer, mit dem er seine erste Lampe entwarf, unter dem amüsierten, leicht herablassenden, aber väterlichen Blick Magistrettis. „Sie erinnerte an ein langes Rohr mit einer Glühbirne an dem einen Ende und einer Rolle an dem anderen, so daß der Benutzer die Birne nach Belieben verschieben konnte. Es war eine wirklich blöde Idee, aber Vico ließ mich in Ruhe meine Zeichnungen vollenden und fragte mich dann, wozu das gut wäre!"

Für Forcolini ist es diese Konzentration auf den funktionalen Aspekt als Legitimation des Objektes, die die Generation italienischer Designer, zu der Vico Magistretti gehört, auszeichnet. In seiner eigenen Arbeit bemüht er sich um die Hervorhebung der kommunikativen Dimension des Objektes, indem er Elemente einführt, die an die Einbildungskraft der späteren Benutzer appellieren. „So hatte die Lampe 'Polifemo', die ich 1983 für Artemide entwarf, die Gestalt eines in einen Kreis eingeschlossenen Dreiecks. Diese Form findet sich in allen Religionen, denn sie ist ein Symbol für Vollkommenheit. Im Fall meiner Lampe aber diente diese Form auch der Ausrichtung des Lichtes. Somit verwirklichte sich hier die Vereinigung von Spirituellem und Funktionalem."

Carlo Forcolini arbeitete zunächst eine Zeitlang im Studio der Brüder Castiglioni, die in den fünfziger Jahren eine wichtige Rolle bei der weltweiten Anerkennung des italienischen Designs spielten. Eines Tages bat Achille, der jüngste der Castiglioni-Brüder, um seine Begleitung bei einigen Besorgungen.

Sie kamen in ein Ladenviertel, Castiglioni parkte seinen Wagen, und sie gingen an den Obstauslagen vorbei. „Wir gingen lange so, und Castiglioni schaute sich nur um, und ich hatte keine Vorstellung, was er eigentlich wollte. Dann sagte er: „Sieh mal, diese Schubkarre mit Frühlingsgrün, diese Frau mit dem Tuch...das ist Design. Im Design muß sich der Reichtum eines solchen Bildes spiegeln. Design muß bei aller Zweckmäßigkeit des Objektes das Leben ausdrücken." Forcolinis Ansicht nach war das die schönste Design-Lektion, die er je erhielt.

Sehr fruchtbar waren auch seine sechs Londoner Jahre. Er hatte es dort mit einem städtischen Umfeld zutun, das von einem ganz anderen kulturellen Verständnis geprägt war. Für ihn war das

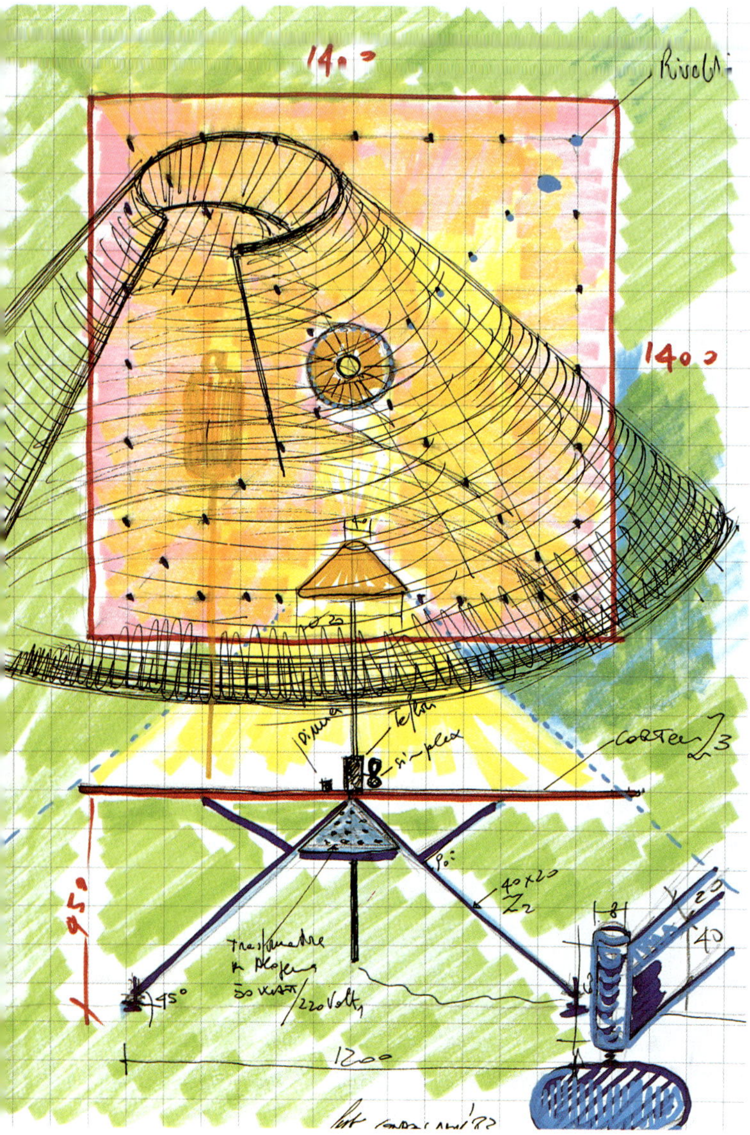

Apocalypse Now, 1984

Entwurf für Lampe
und Tisch.
Hersteller: Alias

mehr als eine Anregung, es war eine Art Umerziehung. „Die italienische, im wesentlichen auf die Form fixierte Kultur setzt vor allem auf Schönheit. Die britische ist vor allem pragmatisch. Im übrigen stellen die Engländer zu allem und jedem Fragen. Wenn Sie einen englischen Handwerker mit einer Arbeit beauftragen, will er alle möglichen Details wissen. Die italienischen Handwerker hingegen interpretieren Ihren Entwurf und lassen auch mal ihrer Einbildungskraft freien Lauf."

1974 gründete Carlo Forcolini zusammen mit seinem Bruder die Firma „Alias", mit der sein Name auch heute eng verbunden ist. 1983 schloß er sich mit Ernesto Gismondi, einem der Gründer von Artemide und Präsident der Vereinigung italienischer Designer, zusammen. Trotzdem blieb das Unternehmen „Alias" in vielerlei Hinsicht untypisch. Vor allem ist es eigentlich kein Produktiosunternehmen, denn die Realisierung der Stücke ist mehreren unabhängigen, aber finanziell mit Alias verbundenen Fabrikanten übertragen. Mit dieser Methode ist durch das breite Spektrum der Möglichkeiten größtmögliche Flexibilität gesichert. „Das Spektrum unserer Hersteller", erklärt Forcolini, „erlaubt uns unter anderem das Experimentieren mit Materialien und ermutigt zu Innovation." Und dann ist, im Gegensatz zu anderen Design-Firmen, der Name Alias eng mit jenen Designern verbunden (Mario Botta, Giandomenico Belotti, Alberto Meda und Forcolini), die in stillschweigender Übereinkunft exklusiv für diese Firma arbeiten.

Die Gründerväter hatten reichlich Ideen und barsten vor Energie; was ihnen fehlte, waren die finanziellen Mittel. Da sie sich einen Stand auf der Septembermesse in Mailand nicht leisten konnten, verfielen sie auf die geniale Idee, den großen Händler zeitgenössischer Kunst, Giorgio Marconi, zu bitten, ihnen seine Mailänder Galerie zu leihen, um dort eine Vernissage zu organisieren. Da die Saison erst im Herbst begann, überließ er ihnen mit Freuden einen Raum. „Wir hatten einen Bedarf entdeckt. Die Leute drängelten sich buchstäblich vor unserer Tür, einfach, weil es etwas anderes war. Sehr bald wurde diese Ausstellungsform das *Non plus ultra*. Inzwischen ist sie banal geworden, und es wäre an der Zeit, Neues zu finden", sagt Forcolini.

Demnächst wird er verantwortlich für Design und künstlerischer Direktor bei Sidecar sein, einer jungen Filiale von Artemide, die anspruchsvolle Beleuchtungs- und andere Obkjekte für Leute mit Geschmack, aber wenig Geld produziert. Die Jahresproduktion Forcolinis könnte sich damit entscheidend vergrößern. „Zur Zeit entwerfe ich nur drei Möbelmodelle im Jahr, aber unter außergewöhnlich günstigen Umständen. Ich kann es mir heute erlauben zu tun was ich will, und ich habe die Einstellung 'take it or leave it' entwickelt. Ich konnte mich auch auf Produktionen konzentrieren, die nicht gut liefen, mich aber interessierten, z.B. der Tisch 'Apocalypse now' aus Cor-Ten, einem Spezialstahl, der nur an der Oberfläche rostet, so daß alle Benutzer notwendig ihre Spuren auf ihm hinterlassen. Ich glaube, daß dieses Jahrhundert unser Urteil verändert hat und daß wir uns einen Gegenstand nur als neuen Gegenstand vorstellen."

Miro, 1989
Stuhl-Hocker aus Stahl
und Gummi (Detail).
Hersteller: Alias

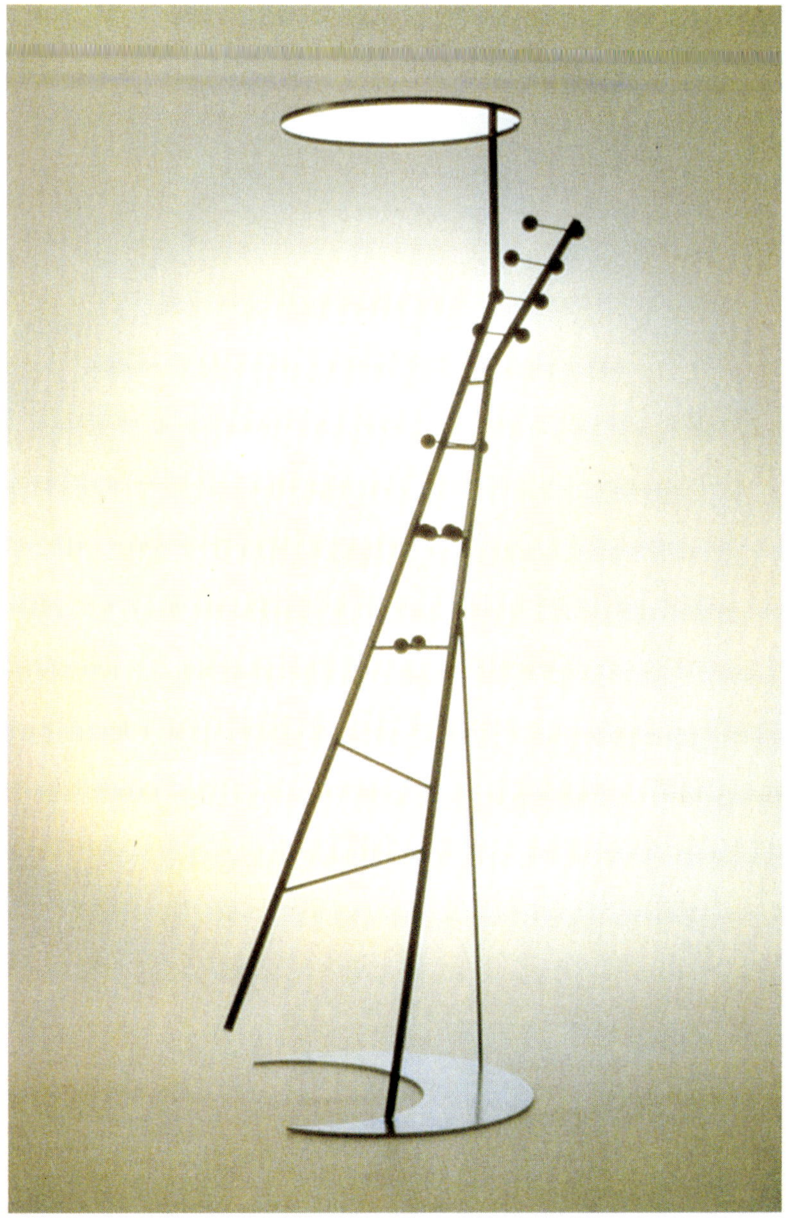

Polifemo, 1983
Metall-Leuchte. (Detail vom oberen Ende).
Hersteller: Artemide

Bukowsky's Holiday (Bukowskys Ferien), 1985
Stehlampe aus Stahl, überzogen mit Epoxyd-Harz.
Hersteller: Alias

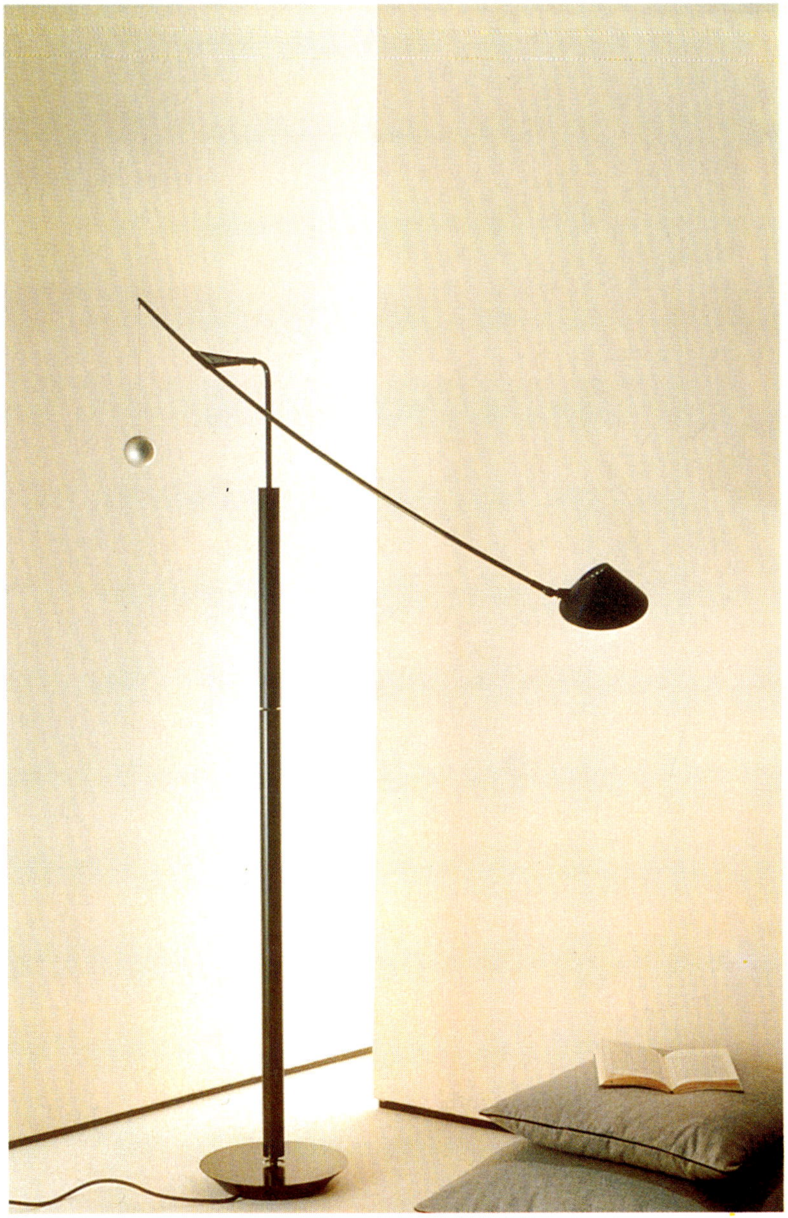

Nestore (Nestor), 1988

Metallampe.

Hersteller: Artemide

Mannequins, 1989

Metall

Hersteller: Alias für

Gaultier Junior Swimwear

Collection

Norma, 1987
Sessel aus Metall
und Leder.
Hersteller: Moroso

MASSIMO IOSA GHINI

Als Kind zeichnete Massimo Iosa Ghini, der 1959 in Bologna geboren wurde, am liebsten Kriegs- oder Spionage-Comic Strips. Später, in der achten Klasse, machte er kleine Zeitungen, die je zur Hälfte aus Text und Comic Strips bestanden. „Ich hatte immer ein starkes Bedürfnis nach Kontakt mit den anderen, weil ich extrem schüchtern bin", gibt er zu. Auch als Student an der Kunstakademie zeichnete er weiter Comic Strips. Aber er dachte nie daran, daraus einen Beruf zu machen, weil ein Comic-Strip-Zeichner doch der Bohème angehört, mit der er sich nicht identifizieren konnte. Er studierte Architektur in Florenz und Mailand und erlag dem Reiz der Mussolini-Architektur, von der er sich für seine Comic Strips inspirieren ließ, wodurch er jene Lücke zwischen Comic Strip und Architektur schuf, die er heute ausfüllt.

Zu Beginn seiner Karriere stand sein Stil der Pop Art nahe. Er photographierte Fernsehbilder und stellte sie zu Collagen zusammen. Dann begann er in einem futuristischen Stil zu zeichnen, und schließlich verlegte er sich auf die in Italien damals praktisch unbekannte „American Streamline".

Diese Objekte mit ihrer zugleich massiven und aerodynamischen Silhouette waren nicht nur funktional, sondern vor allem auch den spezifischen Gegebenheiten des amerikanischen Alltags angepaßt. Daraus schloß er, daß nicht Design allein zu diesem Ergebnis geführt hatte, sondern auch die Beachtung bestimmter kultureller Imperative. Dieses Prinzip übertrug er auf italienische Verhältnisse. „Da es amerikanisch war, bedeutete das, auch wenn die Funktion je nach Land sich verändert, daß das Objekt mehr sein konnte als ein Produkt reiner Rationalität."

Damals hatte Iosa Ghini, der noch studierte, nicht die Mittel, die Objekte seiner Träume zu gestalten. Er schrieb also eine Spionagegeschichte, die sich im Afrika des Jahres 1936 abspielte – in der Zeit, in der die Mussolini-Architektur auf ihrem Zenit stand; er schuf die Illustrationen und stattete diese mit den Objekten seiner Phantasie aus.

Seine Comic Strips verschafften ihm eine Anstellung als Graphikdesigner in einer neuen Fernsehsendung mit dem Titel *Obladi, Oblada*. Er arbeitete auch bei Dekorationsprojekten mit, entwarf Kürzel, Logos und schließlich Möbel. So gestaltete er für den kleinen Bildschirm seinen ersten Stuhl und sein erstes Sofa. Er verstand das Fernsehen als Sprungbrett, denn für ihn ähneln die Bilder, die es ausstrahlt, dem Comic Strip, in dem Sinne, daß, wer sie anschaut, keine dreidimensionalen Objekte sieht, sondern nur zweidimensionale.

Iosa Ghini war auch einer der Gründer des „Bolidismus". „Es ging darum, eine Strategie daraus zu machen", erzählt er. „In der Gruppe waren wir stärker und erregten die Aufmerksamkeit der Presse leichter als alleine." Das Charakteristikum des Bolidismus war die einzelne Linie, die einseitig gerichtete, reine Linie.

Heute ist Iosa Ghini fasziniert von der Sinnlichkeit der Schöpfungen des belgischen Architekten Henry van de Velde und vom Rokoko-Charme des Couturiers Franco Moschino. Da den Designern von der Industrie keine Grenzen mehr gesetzt werden, sind die Maschinen Produktionswerkzeuge geworden, die alles zu erschwinglichen Preisen herstellen können. Endlich befreit von den Schrecken der Konfektion, können die Designer sich ganz auf die Form konzentrieren. Iosa Ghini schöpft diese Möglichkeit in Holz bis an die Grenze des Machbaren aus. In einem zweiten

Schritt arbeitet er mit modernster Technologie. Er zweifelt nicht mehr an seiner Arbeit. Iosa Ghini weiß, daß er, um im Design weiterzukommen, eine andere Inspirationsquelle als die Comic Strips finden muß. „Nach allem, was ich bisher gemacht habe, vom Comic über das Fernsehen bis zum Design, würde ich mich nun gerne der Architektur zuwenden", erklärt er. Man muß kein Hellseher sein, um vorherzusagen, daß er auch auf diesem Feld von sich reden machen wird.

Velox, Fuxo, 1987.
Stühle aus Metall, Leder und Holz; Tisch aus Metall und Glas.
Hersteller: Moroso

Oben:
Numero Uno, 1987
Sessel aus Metall und Leder.
Hersteller: Moroso

Vorhergehende Seiten:
Futuro 3, 1987
Sessel aus Metall und Leder.
Hersteller: Moroso

Disco, 1988

Hocker aus Metall und

Leder.

Hersteller: Moroso

Antiurto
(Stoßdämpfer), 1989
Schubladenschrank aus
Birnbaum.
Hersteller: Design Gallery

Confluence (Konfluenz), 1989
Schreibtisch aus Mahagoni und Silberdublee.
Hersteller: Design Gallery

Oben:
Vertigini (Schwindel), 1989
Bank aus Holz und Leder.
Hersteller: Design Gallery

Lola, 1987
(in Zusammenarbeit mit
Paolo Rizzatto)
Halogen-Lampe aus
Glasfaser (Detail).
Hersteller: Luceplan

ALBERTO MEDA

Mit seinen 44 Jahren ist Alberto Meda kein Neuling in der italienischen Design-Szene, wenn er auch seit vielen Jahren vor allem hinter den Kulissen tätig ist. Nach der Technischen Hochschule in Mailand, die er als Diplom-Ingenieur verläßt, verbringt Alberto Meda sieben Jahre als technischer Direktor bei Kartell. Hier arbeitet er eher als Manager denn als Designer für Kunststoffe. „Ich wollte", erinnert er sich, „direkt mit dem Design zu tun haben, also kündigte ich und machte mich als Produktingenieur selbständig. Ich wollte mit verschiedenen Designergruppen zusammenarbeiten, die Beratung beim technischen Know-how brauchten."

Die Rechnung ging auf. Gaggia, eine für ihre Espressomaschinen bekannte Firma, die ins Eismaschinengeschäft einsteigen wollte, nahm Kontakt mit ihm auf. „Es war interessant. Es waren Produkte zu entwerfen, bei denen es vor allem um das Funktionieren ging, weniger um Ästhetisches. Leider wurden die beiden Prototypen abgelehnt. Trotzdem war es eine positive Erfahrung, und ich beschloß, mich vom Kunststoff abzuwenden und mich auf neue Techniken zu verlegen."

Und seit 1979 wird die Liste der Gesellschaften, für die Alberto Meda als Berater tätig ist, immer länger. 1981 bot Alfa Romeo ihm die Mitarbeit in seiner Design-Abteilung an. „Reiner Zufall", sagt er bescheiden. „Vor zehn Jahren hatte ich in der Zeitschrift *Modo* etwas über eine Ausstellung über Plastik geschrieben. Ich hatte die verschiedenen industriellen Anwendungsmöglichkeiten abgehandelt und deren Bedeutung beim Automobilbau betont. Eine Kopie dieses Artikels hatte ich einem strategischen Berater bei Alfa geschickt, und dieser hatte ihn dem Leiter der Entwurfsabteilung gezeigt. Daraufhin nahm letzterer Kontakt mit mir auf, und ich habe fünf Jahre lang für Alfa gearbeitet."

Bereits damals beschränkten sich Medas Kontakte mit der Design-Branche nicht auf seine Tätigkeit als technischer Berater. Täglich traf er Franco Raggi und Denis Santachiara, deren Büros sich im gleichen Haus wie das seine befanden. „Es war anregend, mit Leuten zu verkehren, die mit *Modo* zu tun hatten. Und ich arbeitete besonders gern mit Franco und Denis zusammen. Zusammen mit letzterem erfanden wir aus Spaß eine Unzahl von Produkten, die wir der Industrie anboten. Wir hatten keinen übermäßigen Erfolg. Ich erinnere mich an einen Plastik-Container, für den sich, so hofften wir, Fiat interessieren könnte, und an eine komplizierte Erfindung, die aus einem Telefon bestand, das an einen Arbeitsbereich angeschlossen war mit Drucker, Modem, Terminkalender und Identifizierungs-Code, die wir für Italtel Telematica bestimmt hatten... Keines dieser Projekte kam über das Stadium des Prototyps hinaus."

Heute arbeitet Meda alleine und fast ausschließlich am Computer. „Auf dem Papier fertige ich nur eine ganz summarische Skizze an, die ich dann in den Computer eingebe, um ihr exakte Proportionen zu geben. Mit dem System CAD (computergestütztes Design) hat man ein einwandfreies Arbeitsschema, und man kann so viele perfekte Kopien machen lassen, wie man will. Ein Wunder!" Meda ist vom Computer so begeistert, daß er sogar mitten in der Nacht oder am frühen Morgen aufsteht, um spontane Einfälle mit ihm auszuprobieren.

Auch nach der Auszeichnung mit dem Goldenen Kompaß

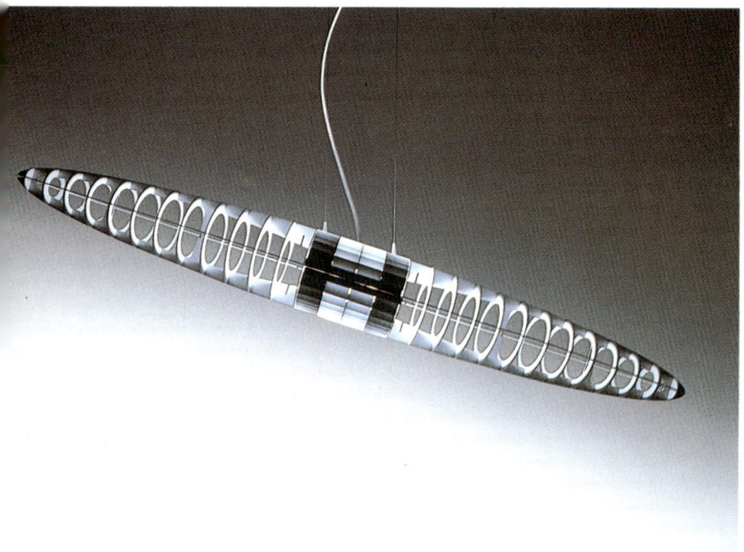

Titania, 1989
(in Zusammenarbeit mit Paolo Rizzatto)
Computer-Design und Profil einer Hängelampe. Hersteller: Luceplan

macht Meda keine großartigen Erklärungen über seine Design-Konzept. „Glauben Sie mir, ich habe keine bestimmte Design-Sprache im Kopf, und darum habe ich auch keinen speziellen Stil. Wenn ich eine Linie zeichne, habe ich ein konkretes Ziel. Es kommt vor, daß ich vom Zeichnen so absorbiert bin, daß das Ergebnis ganz zwangsläufig erscheint. Es heißt, meine Entwürfe hätten zoologische Formen. Dazu kann ich höchstens sagen, daß das von mir nicht so konzipiert ist."

Zur Zeit beschäftigt Meda sich vor allem mit der neuartigen Anwendung von Spezialtechniken. So hat er für das Gerüst des Koffers „Tank" (1988), den Mandarina Duck vertreibt, eine bis dato nur in der Glasbläserei verwendete Technik eingesetzt. Ein anderes Ergebnis solcher Experimente ist der Fuß der Lampe „Lola" (1987), die in Zusammenarbeit mit Paolo Rizzatto für Luceplan entworfen wurde. Um die nötige Feinheit zu erreichen, hat Meda Kohlefaser verwendet, und der mit Polyurethan überzogene Fuß mußte mit derselben Technik wie ein Auto-Lenkrad hergestellt werden. Der Stuhl „Light, light" (1987) schließlich spricht für sich selbst. Meda, der die Handarbeit liebt und es für wichtig hält, während des gesamten Herstellungsprozesses präsent zu sein, hat das Modell für ihn entworfen. Er hat das Polystyren solange geschnitten, modelliert und wieder geschnitten, bis er hatte, was er wollte. Der von „Alias" produzierte Stuhl wiegt nur ein Kilo.

„Ich würde gerne mein Angezogensein von dieser Design-Art erklären. Diese Spezialgebieten entnommenen Techniken sind so reich im Ausdruck, daß man sie zur Verfeinerung der Ästhetik und Verbesserung der Qualität von Gebrauchsgegenständen einsetzen kann. Z.B. der Stuhl 'Light, light': Für mich ging es darum, die Widerstandsfähigkeit und Zuverlässigkeit eines für gewöhnlich in der Aeronautik eingesetzten Kunststoffes auszuprobieren und herauszufinden, ob er für ein Alltagsobjekt, z. B. einen Stuhl, taugt. Das Ergebnis war ein extrem leichtes Objekt, das problemlos eine Person von 100 kg Gewicht trägt. Hinsichtlich der Rentabilität aber erforderte es viele teure manuelle Eingriffe und Schlußbehandlungen. Wir beschlossen daher, nur eine begrenzte Auflage von fünfzig Stück zu produzieren."

Alberto Meda arbeitet besonders gern für Alias, aber er hat auch eine besondere Beziehung zu Luceplan, die Firma, für die er Lichtobjekte entwirft. Seine Hängelampe „Titania" (1989) entspricht ganz der Vorstellung von einer Lampe, die, ohne zu blenden, jede beliebige Stelle beleuchtet. Die Lösung ist ein Leuchtkörper, der von sieben elliptischen Elementen umgeben ist, die mit Farbfiltern versehen werden können, so daß das Licht farbig ist, ohne das Zimmer zu tönen. Meda ist gespannt, wie das Publikum reagiert. „Ich brauche seine Reaktionen. Denn wenn ich eine Sache gut finde, die andere skeptisch beurteilen, muß ich irgendwo einen Fehler gemacht haben."

Titania, 1989
(in Zusammenarbeit mit
Paolo Rizzatto)
Hängelampe mit
Lamellen aus Aluminium,
die ein Lenken des
Lichtes ermöglichen.
Hersteller: Luceplan

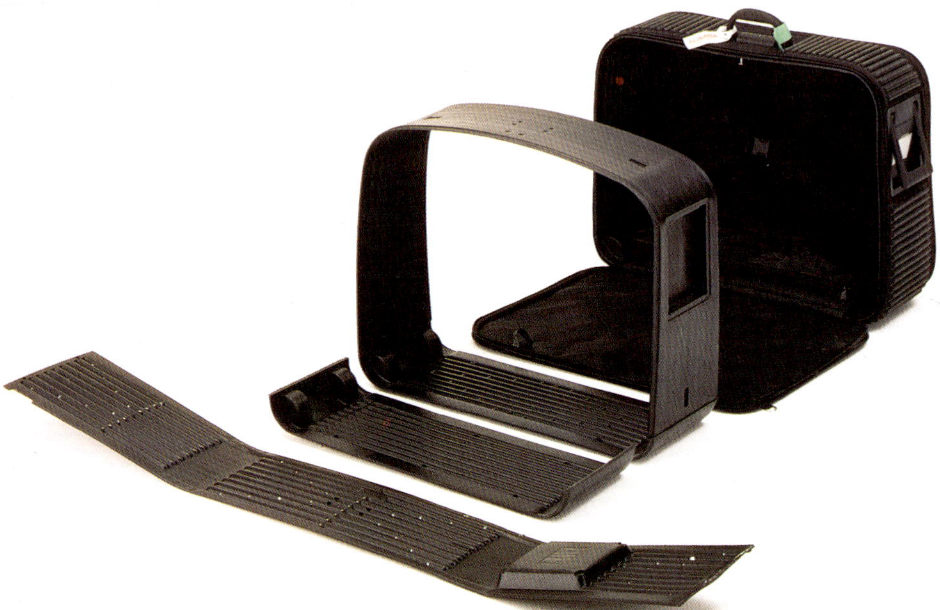

Maestro, 1989
Sättel für Rennräder aus Leder und Polyurethan.
Hersteller: Cinelli

Oben:
Koffer Tank, 1988
Koffer mit Gestell aus Polypropylen.
Hersteller: Mandarina Duck

Oben links:
Light Light, 1987
Stuhl aus Mischfasern.
Hersteller: Alias

Oben rechts:
Softlight, 1988
Stuhl aus Mischfasern.
Hersteller: Alias

Xlight, 1989
Tisch aus Aluminium und
Kohlefaser.
Hersteller: Alias

La Grande Siccità (Die große Dürre), 1988 (in Zusammenarbeit mit M. Rivier)

Sofa aus Polurethan-Schaum, Epoxyd-Harz, Stoff und Stahl.
Hersteller: Pallucco

PAOLO PALLUCCO

Paolo Pallucco lebt in Rom, zusammen mit seiner Mitarbeiterin und Freundin Mireille Rivier. Damit lebt er weit entfernt von den Design-Zentren Norditaliens. „Ich will nicht prätentiös erscheinen. Ich habe gute Kontakte zum Designer-Milieu und auch viele Freunde dort, deren Umgang ich schätze. Aber was ich mache, hat keinerlei Beziehung zum vorherrschenden Design. Mein Design entsteht direkt aus dem, was ich lese, fühle oder wahrnehme. Der Vorteil des Lebens in Rom ist, daß man nicht systematisch in einen Wettwerb hineingezogen wird. Ich kann in aller Freiheit die Früchte meiner Inspiration gestalten", sagt er.

Die Isolierung Palluccos ist indes sehr viel relativer, als er sie darstellt. Da ist vor allem seine Frau, mit der er zusammenarbeitet. Mireille Rivier hat die Schweizer Staatsbürgerschaft und ist in Frankreich als Kind italienischer Eltern geboren. Sie ist neun Jahre jünger als Pallucco, der behauptet, seine grauen Haare ließen ihn älter erscheinen als die 39 Jahre, die er ist. „Man hält uns oft für Vater und Tochter. Mireille ist sehr viel begabter, als ich es in ihrem Alter war. Und dazu hat sie eine natürliche Schlichtheit, und miteinander arbeiten können wir nur, weil wir denselben Geschmack haben."

Die Isoliertheit Palluccos ist nicht einfach geographisch, sie ist eine *conditio sine qua non* seiner Inspiration und gehört untrennbar zu seiner Vorstellung von Kreativität. „Ich verstehe mich als Künstler", erklärt er, „im Guten wie im Schlechten. Das Entstehen meines Designs ist ein Geheimnis. Meine erste Arbeit, 1982/83, war ein Bett. Ich erinnere mich, daß meine Hand von ganz alleine über das Papier zu gleiten schien, als ich zu zeichnen begann, als hätte ich meinem Körper befohlen, dem schöpferischen Trieb zu folgen." Pallucco räumt ein, daß der Mechanismus schwer zu erklären ist und daß er nichts über sein nächstes Werk weiß. Zwei Menschen haben ihn stark beeinflußt, der Japaner Tohji Murata und der Amerikaner John Hejduk.

Der vor kurzem mit 43 Jahren gestorbene Murata war der Graphikdesigner der Boutiquen „Comme des Garçons". Bei seiner ersten Reise nach Japan im Jahre 1984 war Palluccco beeindruckt von der Kraft und der Harmonie der Erscheinung von „Comme des Garçons" und beschloß, dessen Schöpfer kennenzulernen, und schob vor, daß seine Gesellschaft ein überzeugendes Schriftbild für ihren Katalog brauche. „Der wahre Grund war, daß ich einen Lehrer wollte und näher an Italien keinen finden konnte. Murata war klein, mit fremdartigen Augen, und seine bemerkenswert gut geschnittenen Haare bewegten sich auf ganz eigene Art. Er sprach kein Italienisch und ich kein Japanisch, und keiner von uns sprach wirklich gut Englisch. Und doch haben wir nie einen Dolmetscher gebraucht."

Sie trafen sich oft, in Italien und in Japan. Pallucco war buchstäblich fasziniert von der Art Muratas, von seiner Garderobe, den Dingen, die er sammelte, seiner Art zu essen. „Er war extrem gewissenhaft, und das Wort 'Einfachheit' war für ihn voller Bedeutung. Er benutzte es auch oft, ebenso wie 'Härte' und 'Klarheit', zwei andere Grundpfeiler seines Designs." Dank Murata weiß Pallucco heute die Wirkungskraft eines auf die Essenz reduzierten Designs zu schätzen. Sein Lehrer machte ihn auch mit Autoren bekannt, die sein Denken beeinflussen sollten. Der wichtigste war Rimbaud. „Um ehrlich zu sein: Anfangs, als Murata mir von Rimbaud erzählte, verstand ich Rambo und konnte mir gar nicht erklären, wie ein Künstler wie Murata ein Interesse an Rambo finden konnte." Dieser Dichter blieb nicht der einzige, der Pallucco zu einer Präzisierung seiner Vorstellung von Kreativität verhalf. Auch der Regisseur Andrei Tarkowsky und der Dichter Rainer Maria Rilke erschlossen ihm neue Horizonte. „Beide bestätigten, daß Künstler sein Willen und Können beinhaltet. Wenn die Erleuchtung kommt, muß man bereit sein, sie festzuhalten und in Zeichen umzusetzen." Pallucco hat auch die Metapher Rilkes zum Warten auf die Erleuchtung, die er „die große Dürre" nannte, für sich übernommen.

Trotz seines ruhigen und manchmal ein wenig schüchternen Naturells ist es Paolo Pallucco immer gelungen, Künstler und Designer zu finden, die ihn inspirierten, so Hejduk, den Pallucco schon als Student bewunderte. „Eines Morgens stand ich auf und beschloß, ihn kennenzulernen. Ich ging nach New York und entdeckte einen ganz außergewöhnlichen Menschen: winzig und die Dinge mit Kinderaugen betrachtend. Er wohnte in einem bescheidenen kleinen Holzhaus in der Bronx. Ich war überrascht von der Schlichtheit dieses alten Mannes, der für mich der größte der noch lebenden amerikanischen Architekten war. Ich war ergriffen und fasziniert von seiner Ausstrahlung, von seiner fundierten Kenntnis in Musik und Literatur."

Pallucco war hingerissen von Skizzen Hejduks, die den Schutzheiligen der Klempner, den der Zimmerleute, den der Maurer und diejenigen aller Handwerker, die zur Entfaltung der Architektur beitragen, darstellten. Von diesen Zeichnungen geht ein „Angelo necessario" (der notwendige Engel) aus, ein Bücherschrank, den er gerade auf den Markt gebracht hat.

Paolo Pallucco ist eine Mischung aus Sensibilität und Ironie. Die vielen auch der Verwaltung seiner Gesellschaft gewidmeten Jahre haben seine kreative Kraft nicht aufgebraucht. Aber nachdem er errechnet hatte, daß er 90 % seiner Zeit der Kundschaft, den Lieferanten und Banken widmete, beschloß er die Leitung einem Unternehmen aus Treviso zu übergeben. „Ich will Design machen," sagt er, „also habe ich eine kompetentere Leitung als mich an die Spitze meiner Gesellschaft gesetzt." Und er fügt hinzu: „Ich glaube nicht, daß unsere Produkte, bisher zumindest, das zeitgenössische Design geprägt haben. Ich habe stets gearbeitet, ohne mich um einen Stil zu kümmern und zurückzuschauen. Diese Haltung drängt mich an den Rand."

Wir dürfen die offensichtliche Bescheidenheit Palluccos nicht überbewerten. Manche seiner Schöpfungen, wie sein Stuhl „Barba d'argento" (Silberbart) oder sein Bücherregal „Fra Dolcino", sind echte Erfolge. Aber die schöpferische Kraft Palluccos beschränkt sich nicht auf häusliche Objekte. 1988 gestaltete er für die Mailänder Messe in einem ungenutzten Schlachthaus ein Theaterdekor, in dem seine Möbel thronten, und Henri Alekan, der Kameramann von Wim Wenders, besorgte die Beleuchtung. Im Jahr darauf schuf Peter Pabst ein vom „Angelo necessario" inspiriertes Dekor, ein Blumenmeer als Hommage an den Designer und an das herrliche Gedicht von Edgar Wallace, aber auch an den Engel, der am Kreuz stirbt.

Lily of the Wind, 1989 (in Zusammenarbeit mit M. Rivier)
Sessel und Sofa überzogen mit Polyurethan-Schaum und Stoff.
Hersteller: Pallucco

Forte Ponte (Massive Brücke), 1989 (in Zusammenarbeit mit M. Rivier)
Tisch aus Stahl, Epoxyd-Harz und Glas.
Hersteller: Pallucco

Le Lamentazioni
(Die Klagen), 1988
(in Zusammenarbeit mit
M. Rivier)
Sessel und Sofas aus
Holz, Zink, Stahl oder
Epoxyd-Harz,
Polyurethan-Schaum und
Stoff.
Hersteller: Pallucco

Merry-go-round, 1988
(in Zusammenarbeit mit
M. Rivier)
Stühle aus Stahl, Epoxyd-
Harz und Holz.
Hersteller: Pallucco

Aschenbecher, 1989

Mattglas-Guß.

Hersteller:

Fontana Arte

DANIELA PUPPA

Sie fährt mit dem Fahrrad spazieren, stets begleitet von Gilda, einem anhänglichen, an ein Plüschtier erinnernden Hund. Ein kleiner Gefährte ist das, warm und zärtlich wie die Kindheit, darum hat sie ihn ausgesucht. Daniela Puppa verkörpert gute Laune und Selbstvertrauen. Wie schafft sie es, dieses Überbleibsel aus der Kindheit in eine so starre Welt hinüberzuretten? Vielleicht, weil sie stets auf der Jagd nach neuen Passionen und neuen Ideen ist oder gerade dabei, ein neues Projekt in Angriff zu nehmen. Und doch hat Daniela Puppa nie vorgehabt, Designerin zu werden; Architektur und namentlich ihr Fach an der Technischen Hochschule in Mailand, Städteplanung, zog sie vor.

Bald nach ihrem Abschluß arbeitete sie ein Jahr lang mit dem schon berühmten Architekten Marcello Nizzoli zusammen und machte sich mit bedeutenden Urbanisierungsprojekten vertraut. Dann entdeckte sie, daß städtebauliche Unternehmungen von der Obrigkeit abhängen, und daß diese demjenigen die Arbeit gibt, der sie wählt. Sie blieb unbeirrt und gab weder auf, noch ließ sie sich vereinnahmen, und nahm schließlich, es als Erfahrung betrachtend, Abstand. *Casabella*, die damals von Alessandro Mendini geleitete Zeitschrift für Architektur und Design, rief ein kleines Atelier für experimentelles Design ins Leben, dem sie sich anschloß.

Dann beschloß sie, ihren Horizont zu erweitern, und brach mit ihrem Freund Beppe Franzoni zu einer Weltumseglung auf.

In der Zwischenzeit hatte Mendini die Zeitschrift *Modo* lanciert. Nach ihrer Rückkehr arbeitet Daniela Puppa hier mit und entscheidet, ob das Design anderer wert ist, veröffentlicht zu werden. Durch diese Arbeit kommt sie in Kontakt mit Herstellern. Sie hat das Interesse am experimentellen Design nicht verloren und beginnt rasch, in Zusammenarbeit mit Unternehmen, mit dem Entwerfen von Objekten. „Diese Objekte führten oft zu Prototypen, manchmal sogar zu einer Produktion. So wurde das Beleuchtungssystem OZ, das Franco Raggi, Alessandro Mendini und ich für Fontana Arte entworfen hatten, bei der Biennale von Venedig 1980 ausgestellt."

Zu Beginn der achtziger Jahre beginnt Daniela Puppa Stoffe für Alchimia zu entwerfen, die hergestellt wurden von Stucchi, einem Seidenfabrikanten aus der Bekleidungsbranche, der als Senkrechtstarter ins Design gekommen war. Die Stoffe von Puppa, aus exotischem, glänzendem Material auf einfarbigem Grund, erinnerten in nichts an die Ware, die damals auf dem Markt war.

Paradoxerweise bedarf es sehr ernsthafter Arbeit, um zu solcher Phantasie zu gelangen. Schlagend deutlich wurde das mit dem ersten Objekt, das sie ganz alleine entwarf: der Lampe „Plutone", hergestellt von Fontana Arte. „Dieses Unternehmen", erzählt sie, „stellte vor allem Glasobjekte her, und so entschied ich, daß auch meine Lampe ausschließlich aus diesem Material sein sollte. Das war schwierig, denn ich wollte keine gewöhnlichen Muttern und Schrauben. Es entstand eine Stehlampe, bestehend aus einem schweren, halbkreisförmigen Glasfuß und einer Röhre aus Pyrex, auf der sich ein Blendschutz aus Glas und ein scheibenförmiger Lampenschirm befinden. Für die Realisierung mußten Verfahren aus der Glasverarbeitung eingesetzt werden. Diese Lampe faßt im Wesentlichen meine Vorstellungen von damals zusammen."

Daniela Puppa glaubt, daß ihr heutiges Design strenger und reiner ist. Trotzdem ist es überraschend und witzig. Der Unterschied besteht mehr in der anderen Verwendung der Materialien als in der Formenkombination. So hat der für den Salon „Neo-Merce", einer Ausstellung für innovatives Technik-Design, entstandene „Bat Glove" das Publikum auf der Triennale 1985 in Mailand überrascht und amüsiert. Dieser Bat Glove, der auf den ersten Blick keine Besonderheiten erkennen läßt, besteht in Wahrheit aus einer Vielzahl von einzigartigen Bestandteilen. Das Gleiche gilt für die für den Salon „Lebenszeichen" entworfene Tür. Der Grundgedanke war hier, einem Zimmerbenutzer (in einem Hotel oder einem Büro) die Übermittlung von Nachrichten an eine Person auf der anderen Seite der Tür zu ermöglichen, und zwar durch die Installierung eines Mini-Bildschirmes in der Tür. Diese damals als revolutionär empfundene Erfindung ist heute Wirklichkeit geworden.

Auch für die Mode hat Daniela Puppa sich stets begeistert. Aktiv mit ihr beschäftigt hat sie sich aber erst ab 1979/80, nämlich als Ferre sie mit dem Entwurf von Accessoires wie Taschen und Gürteln beauftragte.

Daniela Puppa hat viele Verbindungen zwischen Modedesign und Objektdesign aufgedeckt. So wurde ein 1984 von ihr für eine Sommertasche entworfener Stoff von Möbelstoffabrikanten übernommen.

Ihre besondere Aufmerksamkeit gilt dem kleinen Detail, das alles entscheiden kann. So enthält ihr Sofa Makambo nicht nur eine Fülle praktischer Details und asymmetrischer Elemente, die ihm Dynamik verleihen, sondern es läßt sich auch ganz nach den Wünschen seines Besitzers durch Houssen verändern. Die Vergänglichkeit der Mode regt ihre Phantasie an, aber ebenso läßt sie sich auch von Büchern, Alltagsobjekten oder dem Lebensstil von Menschen aus anderen geographischen Breiten inspirieren. Daniela Puppa ist empfänglich für die unterschiedlichsten Kulturen und kann sie folglich auch respektieren, und als die japanische Firma Takikici sie bat, Haushaltsgeräte im italienischen Stil zu entwerfen, analysierte sie die traditionellen japanischen Objekte und integrierte einige ihrer taktilen Eigenschaften in das Design der eigenen Tee- und Kaffeekannen.

Das Land der aufgehenden Sonne hat ihre Einstellung zum Objekt und zur Formgebung geprägt. Als sie begann, zusammen mit Raggi als künstlerischer Direktor in der Abteilung Wohnmobiliar der Kette *Rinascente Croff* zu arbeiten, verbrachte sie einige Zeit in Japan, um dort Objekte für den Verkauf in Italien auszusuchen. „Meine Art, das Objekt von allem Überflüssigen zu reinigen und ihm äußere Strenge zu verleihen, ist sicherlich durch meine Reisen in diesem Land zustande gekommen", räumt sie ein.

Der Posten des künstlerischen Direktors hat sie in ihrer Entwicklung weitergebracht. „Die großen Hersteller können es sich leisten, bei einer Produktion experimenteller Objekte Risiken einzugehen. Wenn es nur Furore auf der Mailänder Messe macht, braucht ein Objekt sich nicht einmal gut zu verkaufen. Aber ein Kaufhaus wie *Croff* muß Produkte bieten, die zugleich verführe-

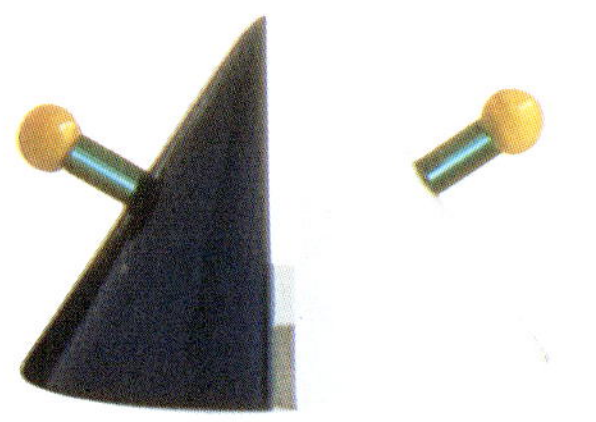

Rahmen, Tischaufsatz und Buchstützen, 1985
Geblasenes Glas.
Hersteller: Vistosi

Fontana Arte, 1985
(in Zusammenarbeit mit
F. Raggi)
Ausstellungssaal.
Auftraggeber: Fontana
Arte

Plaza, 1989
Mit verschiedenen
Stoffen bezogenes Sofa.
Hersteller: Brunati

risch und billig sind. Wenn sich hier eine Kollektion nicht verkauft, heißt das, daß sich jemand geirrt hat, und niemand versucht, diesen kommerziellen Mißerfolg als Experiment auszugeben." Das Erfassen dessen, was dem Konsumenten gefällt, ist einem solchen Haus zur zweiten Natur geworden.

Es ist zweifellos ungewöhnlich, zugleich in der Mode und im Design zu arbeiten, aber Daniela Puppa hat dadurch sicherlich ihre Kenntnisse über die Produkte und das Publikum vertieft. Die beiden parallelen Erfahrungen stimulieren sie. „Als ich das erste Mal nach New York kam, war es im Schiff. Das Anlegen und das Entdecken der Stadt vom Meer aus war eine unvergeßliche Erfahrung." In diesem Satz steckt die ganze Daniela Puppa: Die Identität einer Stadt oder eines Gegenstandes, beide eigentlich unbeweglich, wird unter ihrem Blick zu etwas Fließendem.

Mokambo, 1989
Sessel aus Holz, Wildlederimitation und Dacron.
Hersteller: Brunati

Sofa, 1987
Sofa aus lackiertem Eisen
und rostfreiem Stahl.
Hersteller: Zeus

MAURIZIO PEREGALLI

Stets auf der Suche nach neuen Talenten, ist der Designer, Fabrikant und Galeriebesitzer Maurizio Peregalli daran gewöhnt, Risiken einzugehen. Im Zentrum seiner Aktivitäten steht seine 1984 gegründete Firma „Zeus". Ursprünglich ging es ihm um eine Organisation, die alle Innovationen aus den Bereichen Design, Kunst und Mode erfaßt. Aber schon bald fesselte das Design alleine alle Energie. Die erste Kollektion von Stühlen und Tischen, die „Zeus" herausbrachte, machte großen Eindruck. Die herrlich linearen, schlanken und dramatischen Stücke unterschieden sich klar von allem, was das Designer-Establishment zu bieten hatte. In den folgenden Jahren blieben Peregalli und seine Mitarbeiter auf diesem Kurs und organisierten auch Ausstellungen für ausländische, größten Teils unbekannte, aber extrem originelle Designer. „Zeus" setzte sich rasch durch und gehört auch heute noch zu den Exklusivsten der Branche.

Die Leichtigkeit, mit der Peregalli sich in den verschiedenen Design-Bereichen bewegt, verdankt er zu einem großen Teil seiner Vergangenheit als Ko-Designer bei Giorgio Armani. „Zwei Jahre lang bereiste ich Italien, um die Boutiquen einzurichten. Da ich auch verantwortlich für die Herstellung der Dekorationselemente war und mit 90 Zulieferern arbeitete, mußte ich eine komplizierte Organisation aus Lieferanten, Lagern usw. auf die Beine stellen. Die fünf Objekte, aus denen die erste Kollektion von 'Zeus' bestand, waren das direkte Resultat meiner Erfahrungen bei Armani. Es sind übrigens auch diejenigen, die sich am besten verkaufen. Gleichzeitig sind es, glaube ich, die beim Publikum bekanntesten Stücke von 'Zeus'. Der Sessel 'Poltroncina' führte überdies zu zahlreichen, noch nie getätigten Untersuchungen über die Materialien, namentlich das verwendete Gummi. Nur leicht verändert, produzieren wir ihn heute noch."

Für Peregalli und Armani war diese Zeit enger Zusammenarbeit ein großes Vergnügen. So spricht der Modedesigner oft begeistert über die Wunder, die Peregalli zustande brachte, über die Geschwindigkeit und Meisterschaft, mit der sie Modenschauen organisierten und über die Begeisterung, die die Eröffnung des ersten Emporio-Geschäftes auslöste. Peregalli seinerseits bewundert an Armani „die Fähigkeit zur Synthese und die kunstvolle Art, unterschiedliche Elemente zu kombinieren".

Seine vielfältigen Begabungen sind von unschätzbarem Wert, weil Peregalli so nur einen Teil seiner Zeit dem Objekt-Design widmen muß. „Mir ist wichtig - und Armani, glaube ich, auch – die Gesamtheit des Herstellungsprozesses; der Zyklus vom eigentlichen Design bis zur Kenntnis und Beherrschung der Materialien, von ihrer Verwendung bis zur Art und Weise, wie sie geschnitten, montiert und verschweißt werden müssen." Maurizio Peregalli hat im Laufe der Jahre viele Handwerker kennengelernt und hat sich vertraut gemacht mit ihren Herstellungsmethoden.

Wenn die Firma „Zeus", die voller Engagement, aber ganz ohne kommerzielle Erwägungen entstand, die ersten vier Jahre ihrer Existenz hat überleben können, so vor allem wegen der perfekten Beherrschung des Fabrikationsprozesses. „Anfangs haben wir viele Fehler gemacht, aber unser Enthusiasmus glich zum Glück unseren Mangel an Erfahrung aus. 'Zeus' stellt die Objekte nicht komplett her, sondern setzt einzelne Elemente zusammen. Meine Erfahrungen von früher ermöglichen mir die logistische Produktions-Organisation. Es ist richtig, daß Zeus von Beginn an

Aufmerksamkeit erregt hat. Aber Furore machen durch die Organisation einer guten Ausstellung mit gut gewähltem Wein und das Verkaufen der Produkte hinterher – das sind zwei Paar Schuhe."

Die meisten führenden Mailänder Designer haben ihre Büros im Stadtzentrum und stellen dort auch aus. Peregalli hat mit dieser Regel gebrochen und hat sich für die Gegend um die Porta Genova entschieden. Heute gibt es dort Architektenbüros und Modelokale zuhauf, aber als „Zeus" vor sechs Jahren dort hinzog, war dieses Viertel mit seinen vielen Kanälen, Handwerkern und alten Gasthäusern zwar sicher pittoresk, aber doch wenig elegant und alles andere als eine passende Gegend für ambitioniertes Design.

Peregalli hat bis zu seinem achtzehnten Lebensjahr bei Varese nördlich von Mailand gelebt und bekennt sich zu seiner bäuerlichen Herkunft. Vielleicht sind es diese Wurzeln, die ihn den lässigen Chic und die internationale Eleganz der Innenstadt meiden und ein herzlicheres und farbigeres Ambiente wählen ließen.

„Als ich mein Zeichenstudium abgeschlossen hatte, schrieb ich mich an der landwirtschaftlichen Fakultät der Universität ein", erinnert er sich. „Für einen Bauernsohn war das der logische nächste Schritt." Aber er folgte dieser Bestimmung doch nicht und fand Arbeit bei einem Möbelhersteller.

„Ich war immer schon ein begabter Zeichner, aber es ist nicht so, daß mich von frühester Jugend an eine Leidenschaft zum Zeichnen gedrängt hätte. Es kam einfach eins zum anderen, und eines Tages gründete ich ein kleines Studio, das sich auf das Design von Geschäften spezialisierte." Bei Peregalli gab es keinen spektakulären Durchbruch, sondern eine kontinuierliche Entwicklung führte ihn von der Dekoration der Fiorucci-Läden und der Kette Primavera schließlich zu den Boutiquen von Armani. Dann befaßte sich das Studio mit dem Design für den häuslichen Bereich. Und Peregalli fügt sofort hinzu: „Das Design selbst war nur ein Teil unserer Aktivitäten, denn wir blieben auch weiterhin mit der Herstellung verbunden." Design als Selbstzweck ist nichts für ihn, und ganz allgemein lehnt er es ab zu entwerfen, wenn er nicht den Herstellungsprozess verfolgen kann.

Peregalli ist davon überzeugt, daß das aktuelle italienische Design ihn nur wenig beeinflußt hat, erst in jüngster Zeit und vor allem negativ. „Ich hatte das Glück in völliger Unkenntnis des Establishments und der Stars der Branche anzufangen", sagt er. „Ich halte auch meinen frühesten Design-Stil für den besten, weil er frei von allem Einfluß ist."

„Ich arbeite nachts oder morgens nach dem Aufwachen.

Musa (Muse), 1986
Stehlampe aus lackiertem
Stahl und lackierter
Keramik.
Hersteller: Zeus

Dama (Dame), 1986
Bücherregal aus
lackiertem Eisen
und Holz.
Hersteller: Zeus

Glasnost, 1988
Stuhl aus lackiertem Stahl, Polyurethan oder Birken-Sperrholz.
Hersteller: Zeus

Tegola (Ziegel), 1988
Wandleuchte aus Keramik und lackiertem Stahl.
Hersteller: Zeus

Wenn ich die Idee skizziert habe, übertrage ich sie in maßstabsgetreue Größe, so daß ich die meisten Probleme bereits im Detail lösen kann. Man könnte sagen, daß ich mentales Design mache. Natürlich kommt es vor, daß ich, wenn das Objekt seine dreidimensionale Gestalt angenommen hat, noch das eine oder andere abändere, aber nie verändere ich meine ursprüngliche Vorstellung im Kern."

Peregalli befaßt sich vor allem mit der Form, die er für wesentlich hält. „Es ist heute schwer, etwas wirklich Neues zu erfinden, was es auch sei. Aber ich bin davon überzeugt, daß noch viel Arbeit zu leisten ist, bis wir Objekte zu entwerfen imstande sind, die einfach aber nicht banal sind." Für die Zukunft wünscht Peregalli sich, daß die Firma „Zeus" bekannt genug wird, um sich über die administrativen Beschränkungen, mit denen sie heute zu kämpfen hat, hinwegsetzen zu können. „Unsere Ausstellungen spiegeln die Freiheit wider, die wir gewinnen, wenn wir die Dinge nicht mehr mit Rücksicht auf eine aufgezwungene Wirklichkeit denaturieren. Mein Wunsch wäre es, vier oder fünf Objekte im Jahr zu produzieren, die dieses Gefühl der Unabhängigkeit ausdrücken."

Ventosa (Schröpfkopf), 1989
Schreibtisch-Lampe aus transparenter Keramik und lackiertem Stahl.
Hersteller: Zeus

Cavaliere (Kavalier), 1989
Kleiderständer aus Holz, lackiertem Stahl, Eisen oder verzinktem Kupferblech.
Hersteller: Zeus

Antologia Alessi, 1985
(in Zusammenarbeit mit
Nathalie du Pasquier
und Valentina
Grego/Sottsass
Associati)
Verpackungen für
Haushaltsartikel.
Auftraggeber: Alessi

CHRISTOPH RADL

Christoph Radl wurde vor 36 Jahren in der Schweiz als Sohn Tiroler Eltern geboren. Er wächst in Innsbruck auf. Mit siebzehn verläßt er das Elternhaus und macht sich auf, Europa zu entdecken. Seine Eltern, die sich Sorgen um die Zukunft ihres Hippie-Sohnes machen, legen ihm nahe, sich in einer Schule für Graphik-Design einzuschreiben. Obwohl er auf keinen Fall wieder zur Schule will, geht er 1977 nach Mailand und macht dort ein Institut ausfindig, das eine knapp zweijährige Ausbildung anbietet, statt der in Paris, Genf oder Zürich damals obligatorischen vier Jahre. Es ist ein Kompromiß zwischen seiner anfänglichen Ablehnung und dem Wunsch der Eltern.

Seine Ausbildung als Graphiker absolviert Christoph Radl ausschließlich auf dieser Privatschule für visuelles Design (Hochschule für Design). Das vom Bauhaus inspirierte, eigentlich inzwischen überholte Konzept dieses Instituts vermittelt ihm die technischen Grundlagen des Graphik-Designs und ermöglicht ihm nebenher das Erlernen der italienischen Sprache. Nach dem Abschluß des Studiums arbeitet Radl zwei Jahre lang bei Heinz Waibl in Mailand, einem exzellenten Graphik-Designer mit Erfahrung im urbanen Design amerikanischer Prägung. Damals entstand die Freundschaft mit Matteo Thun, Aldo Cibic und Marco Zanini, den Gründungsmitgliedern (zusammen mit Ettore Sottsass natürlich) von Sottsass Associati. In freien Stunden arbeitet er mit ihnen kleine private Projekte aus. Z.B. entwirft er das Logo einer von Sottsass und Zanini im Jahre 1980 dekorierten libaniesischen Diskothek. Ein Jahr später wird er – lässig flexibel, ganz nach Mailänder Art – Graphik-Design-Berater bei Sottsass Associati, die in diesem Fach keinen auch nur interessierten, geschweige denn kompetenten Mann haben. So ist es nur natürlich, daß Radl der Leiter dieser Abteilung wird.

Von seinen vielen Lehrern ist es die starke Persönlichkeit Sottsass', die seine Arbeit und sein Denken zutiefst beeinflußt hat, glaubt Radl. Für ihn muß das graphische Design ganz natürlich sein und darf nicht die Tätigkeit des Designers erkennen lassen. So stellt er in Reaktion gegen den ausgewogenen und konventionellen Schweizer Stil eine Folge von Vorschlägen und Gegenvorschlägen zusammen. Sein Stil wird im Laufe der Jahre immer reiner und kompakter und lehnt vor allem alles Überflüssige ab. In gewisser Weise wird er klassischer, wie seine Mitarbeit in *Terrazzo*, der Zwei-Jahres-Zeitschrift für Architektur und Design beweist, deren bewußtes Aussparen allen Graphik-Designs in der Absicht geschieht, den Text und die Bilder nicht zu verunklären. Dafür wies jede Nummer sechs oder sieben verschiedene Papierarten auf, um den Inhalt hervorzuheben. Dabei gaben die Farbe von Titel oder Inhalt der Zeitschrift weniger eine bewußte Richtung wieder, als vielmehr die Stimmung von Barbara Radice (der Chefredakteurin), Sottsass, Anna Wagner, einer anderen Graphikdesignerin, und Radl selbst. Letzterer pflegt die Farbe nach Kraft und Thema des Bildes auszuwählen. Sein Geschmack ist sicher.

„Wir erleben heute eine weltweite Tendenz zur Uniformierung der Farben. So seltsam das erscheinen mag, das gilt auch für die in den Medien verwendeten Farben, sei es Mode oder Fernsehen.", erklärt er.

Christoph Radl erinnert sich gerne an seine ersten Projekte und die Teamarbeit bei Sottsass Associati und Memphis. Die frü-

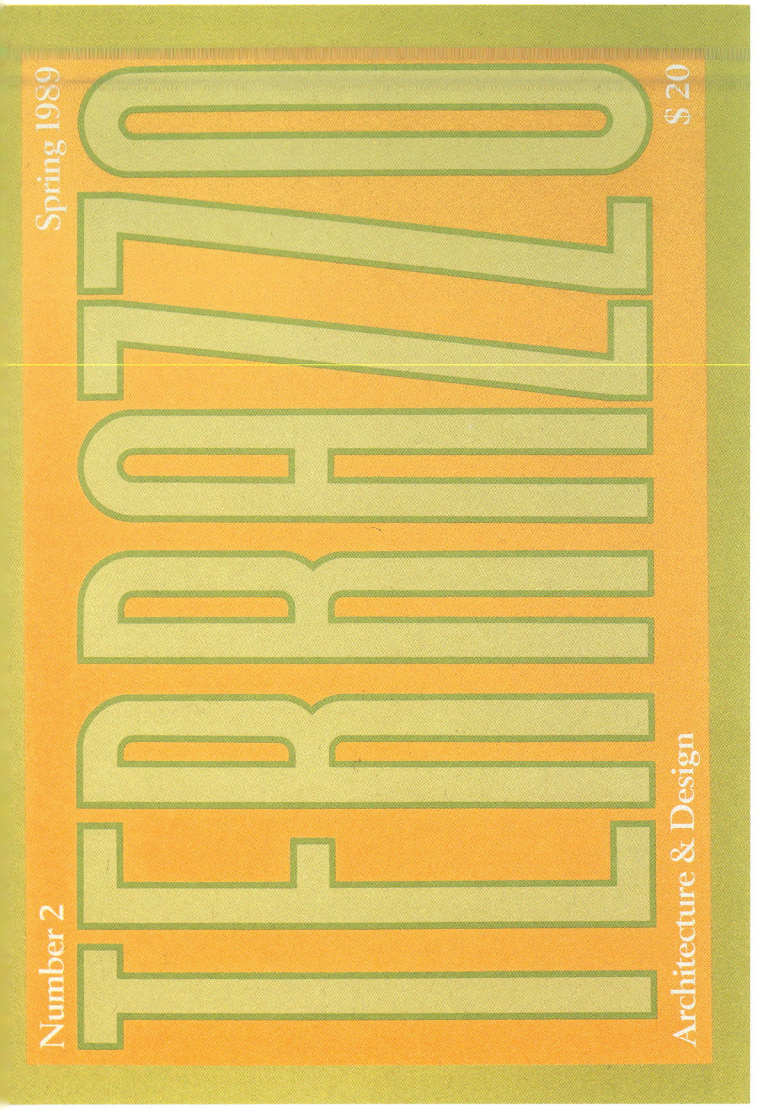

hen achtziger Jahre waren eine magische Zeit, nicht nur für die Gruppe, sondern für Mailand insgesamt. Diese angeregte Atmosphäre, in der die Ideen nur so sprudelten, findet er heute in Spanien.

Damals vertraute Alessi, der Haushaltsgeräte-Fabrikant, Sottsass und dessen Team den Entwurf einer neuen Verpackung und seines Kataloges an. Zu seiner großen Befriedigung konnte Radl so an Projekten für einen Klienten arbeiten, der nach Neuem lechzte und kein Risiko scheute. 1986 tauchten im Jahreskatalog der Hotellerietechnik bizarre Gestalten auf, unter anderem Punks, die als Kellner, Köche und Küchenchefs auftraten. Danach verlegte Radl sich auf etwas gänzlich anderes. Er entwarf das Markenzeichen der *Ansaldo-Gruppe*, einem Industriegiganten, der Elektrizitätswerke, U-Bahnen und Züge baut. Er gab diesem Unternehmen ein friedliches und diskretes Image.

In jedem von Radls Werken läßt sich ein Vergangenheit und Gegenwart verbindendes Element finden. Sein Ziel ist es indes, sich von der Tradition zu befreien, und seine Arbeiten sind alle vom Willen zur Provokation geprägt. Wichtig vor allem ist, nichts ernst zu nehmen, schon gar nicht sich selbst. Als schüchterner und sehr bescheidener Mann sieht er sich nie als alleiniger Schöpfer seiner Arbeiten. Ihm zufolge ist das meiste Teamarbeit.

Vor zwei Jahren verließ Radl Sottsass Associati und eröffnete eine Werbeagentur mit dem Namen Italiana di Comunicazione. Ambrogio Borsani und Ettore Sottsass sind seine gleichberechtigten Partner, und er ist weiterhin ihr Graphik-Design-Berater. Der Bedarf nach einer solchen Agentur wurde deutlich, als ein Kunde ihn um die Organisation einer Werbekampagne bat. Warum also die Sache einer Agentur übergeben, wo es doch genügte, selbst eine zu gründen? Und die Werbung macht ihm Spaß. Sie erfordert eine einfache Sprache.

Er möchte auch die Grenzen der Werbung aufbrechen, die im heutigen Italien noch nicht sehr entwickelt ist. Seine Kunden kommen aus ganz verschiedenen Branchen: Mode, Design, Textilien, Erdöl. Durch zwei Werbespots für das Fernsehen - der eine für Brionvega und der zweite für die Premiere des Parfüms von Romeo Gogli - begeisterte er sich für das audiovisuelle Medium. Er liebt die Teams, in denen keine Hierarchie spürbar ist, und in denen jeder hart arbeitet, damit das Gesamtergebnis befriedigt, und er liebt die schnelle Entscheidung - ein ganz unübliches Phänomen im Graphikdesign, wo man sich Zeit zum Nachdenken, beobachten und ausprobieren nimmt.

Terrazzo, 1988-90
Zeitschriftenumschlag.
Auftraggeber: Ettore Sottsass, Barbara Radice

Hotel Alessi, 1985
(für Sottsass Associati)
Katalogumschlag, Foto
von Oliviero Toscani.
Auftraggeber: Alessi

Olivetti Synthesis, 1988
(in Zusammenarbeit mit
George Sowden und
Simon
Morgan/Sottsass
Associati)
Werbebroschüre für das
Image der Firma Olivetti,
Foto von Giuseppe Pino.

Memphis, Mailand, 1986-88

Katalogumschläge: „Furniture collection“, 1986 (unter Mitarbeit von Marta Rey); „Architectural Strips“, 1987; „Twelve New“, 1986 (unter Mitarbeit von Marta Rey); „Lights“, 1988 (unter Mitarbeit von Anna Wagner); „1987“; „Glass“, 1986 (unter Mitarbeit von Anna Wagner); Fotos von Santi Caleca.

Sottsass Associati, 1985

Kuvert.

Auftraggeber: Sottsass Associati

Stein, 1988
Badezimmer-Elemente
aus Holz, Glas und Stahl.
Hersteller: Fontana Arte

FRANCO RAGGI

Die politischen und kulturellen Wurzeln des 1945 geborenen Franco Raggi liegen im Radikalismus der Architekturbewegungen der siebziger Jahre. Raggi – für seine Freunde Kin – interessierte sich schon zu Beginn seiner Karriere für alle klassischen Architekturstile, angefangen beim dorischen Stil. Es sind für ihn vollkommene Formulierungen einer abstrakten, faszinierenden, unvergänglichen Sprache.

Raggi bemüht sich um ein nicht identifizierbares Design. Sein kreatives Vorgehen zeichnet sich durch eine Anhäufung quasi unsichtbarer Details aus. Damit jede Schöpfung zeitlos und ohne Beziehung zu einem Vorgänger oder Nachfolger wird, erfindet er unablässig neue Formeln. Das Vermeiden eines erkennbaren Stils verleiht ihm zufolge seinen Ideen erst einen Sinn.

Franco Raggi ist eine Randfigur des italienischen Designs, das er mit einem Fluß vergleicht, der sich mal staut und mal vor überbordender, modischer Geschwätzigkeit brodelt. Diese Position liegt ihm: Sie ermöglicht ihm eine immer wieder überraschende Ausdrucksweise. Der stille und zurückhaltende Raggi sucht keine unmittelbare Anerkennung, weder in der Presse, noch durch Ausstellungen oder andere Äußerungen. Er empfindet das Auffallen-Wollen um jeden Preis als fruchtloses Bemühen. Seinem Gefühl nach kommen die Dinge immer dann, wenn man sie nicht erwartet.

Raggi verläßt oft die Welt des Designs und arbeitet in anderen künstlerischen Bereichen, in denen sein kreatives Potential sich entfalten kann. Er war fünf Jahre lang Journalist bei *Modo* und danach zwei Jahre lang dort Chefredakteur. Er beschreibt diese Erfahrung als „die begrifflichste", die er bis dahin erlebt hatte, da seine Hauptbeschäftigung darin bestand, „sich vermittels Bild und Wort mittzuteilen."

In beruflicher Hinsicht begreift er Beschränkungen als unverzichtbar. Es gibt für ihn nichts schlimmeres als ein Projekt, das ohne technische, kommerzielle, ästhetische oder psychologische Einschränkungen verwirklicht wird, denn die Kreativität unterliegt dann ganz der Willkür. In einem ersten Schritt erwartet er von den Produktionsmechanismen oder von der Technik, daß sie ihm Richtlinien geben. Wenn diese einmal feststehen, beginnt er mit ihnen zu jonglieren.

Er entwickelt seine Projekte auf ungewöhnliche Weise, indem er Zufallseingebungen mit einbezieht. Er geht nicht planvoll vor, er arbeitet solange an X, bis sich die Ideen zu Y ergeben. Der utopische und romantische Aspekt des seiner selbst bewußten Könnens interessiert ihn ganz und gar nicht.

Ein Buch, das Fernsehen, eine Ausstellung, eine Zeitungsüberschrift, einfach das Leben selbst können solche Zufallseingebungen auslösen. Er bereitet sich auf so etwas nicht vor, er ist einfach so neugierig, daß solche Inspirationen von selbst zustande kommen.

Franco Raggi bezeichnet sich als ebenso neugierig wie faul. Er sieht viel fern, und das Hin-und-Herschalten zwischen den Kanälen vermittelt ihm eine gewissermaßen synoptische Sicht des Lebens, nämlich eine Folge von Teilaspekten, die Bedingung einer nicht erstarrten Information, einer visuellen, musikalischen, begrifflichen Stimulation sind.

Zur Zeit befaßt Raggi sich mit dem Entwerfen hochwertiger Dekors aus billigen Materialien wie Gips. Einfache Materialien

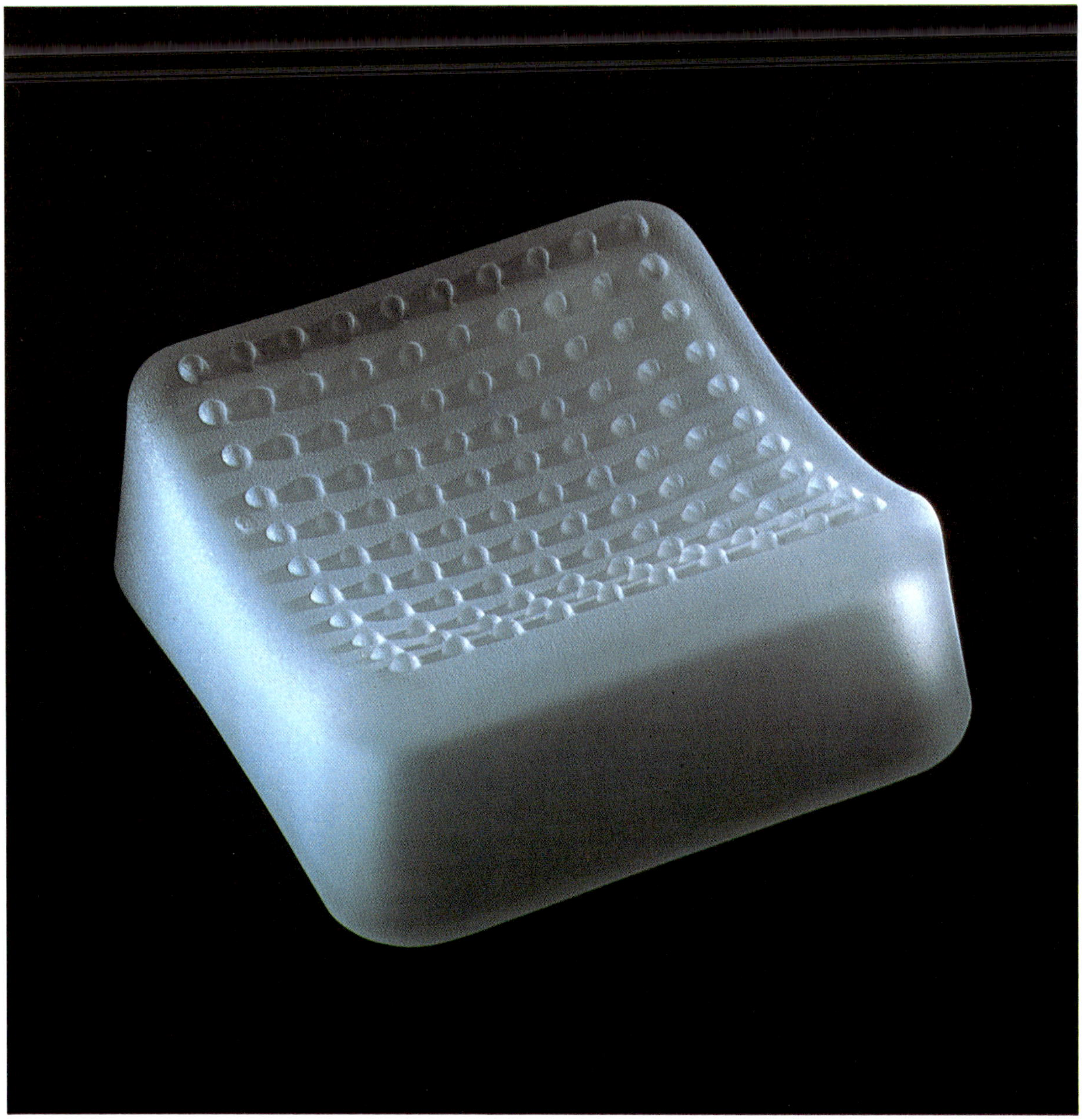

Seifenschale, 1989
Mattglas-Guß.
Hersteller: Fontana Arte

anzureichern und sie in Objekte oder Innenraumdesign einzufügen ist eine Art Wiederbelebung alter Traditionen, indem sie in paradoxen Elementen verewigt werden. In einer modernen Umgebung stellen diese Materialien eine neue Beziehung zwischen Neu und Alt her. Ein altes Möbelstück kann hervorragend zu Neuem passen, wenn nur beide dieselbe Botschaft vermitteln. Dies ist der Fall bei dem Stuhl „Metamorfosi", einer Mischung aus Jugendstil und Moderne.

Seiner Prognose zufolge bleibt das Wohnen unverändert. Das technisierte Haus der Zukunft, das voller Monitore und Fernseher ist und in dem fremdartiges Licht unbestimmbarer Herkunft leuchtet, wird es niemals geben. Für Franco Raggi ist das Haus ein primitiver Raum, in dem intime Überlieferungen und private Skandale zu unkeuschen Gesamtheiten verschmelzen. Die Wohnung wird mit neuen Elementen ausgestattet werden, mit Textilien, Verkleidungen und Nippes, und Elemente der Hochtechnologie können zusammen mit diesen wahre Wunder vollbringen. Im übrigen sind sie schon seit Jahren ein fester Bestandteil unseres Alltags, nämlich in Gestalt unserer Telephone, Faxgeräte, Computer und vollprogrammierbaren Küchen. Diese heterogene Mischung wird dem Haus von morgen ein zugleich archaisches und futuristisches Gesicht geben.

Franco Raggi ist fasziniert vom neuen italienischen Design, und dessen Entwicklung der letzten zehn Jahre hat von komplexen industriellen Strukturen zu kleinen Handwerksbetrieben geführt, was den Designern ein vielseitigeres Entwerfen erlaubt und mehr Freiheit bei der Realisierung gibt. In der friedlichen Umgebung des „guten Designs" sind die Werke Raggis Zeitbomben, die einen seltsamen Kontrast zum Reich des guten Geschmacks bilden.

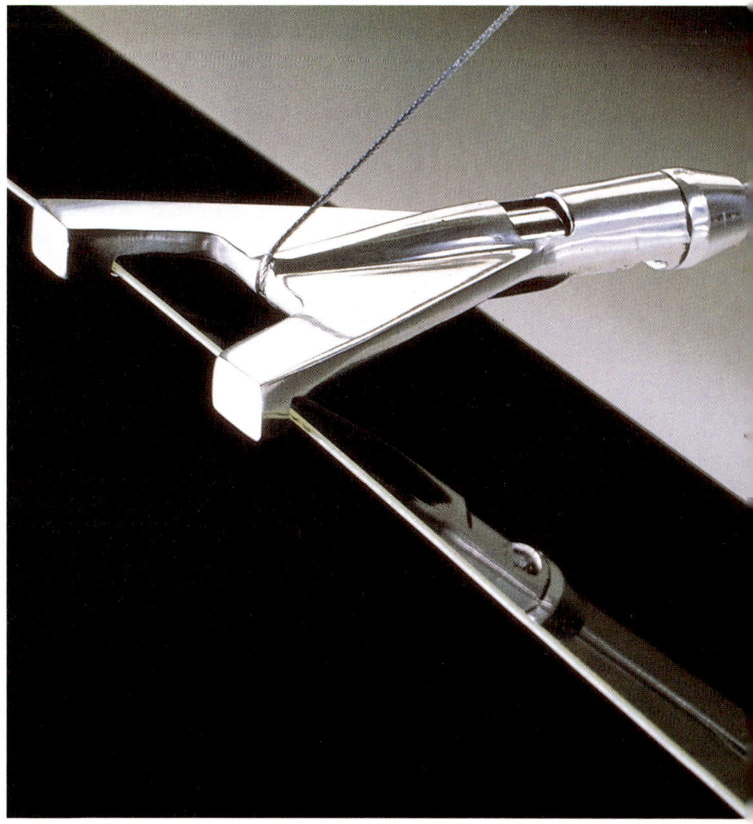

Velo (Segel), 1988
Hängelampe aus Glas
und Aluminium.
Hersteller: Fontana Arte

Alta-Moda-Atelier Ferrè, 1987-88
Inneneinrichtung des Ateliers des Couturiers Ferrè, Mailand.

Alta-Moda-Atelier Ferrè, 1987-88
Inneneinrichtung
des Ateliers
des Couturiers Ferrè,
Mailand.

Notturno (Nokturne), 1989
Nachttisch aus Einlegearbeit und Metall.
Hersteller: Lapis

PATRIZIA RANZO
SERGIO CAPPELLI

In den Werken von Sergio Cappelli und Patrizia Ranzo scheint sich die sonnengetränkte Lyrik des Mittelmeerraumes zu brechen. Beide stammen aus Neapel und haben sich entschieden, in ihrer Heimatstadt zu bleiben. Man kann sie oft in Mailand, Amsterdam, London oder Köln sehen, ja sogar in Tokio, aber ihr Heimathafen bleibt Neapel mit seinen zahllosen Zeugen der Geschichte, seiner kulturellen Dynamik und seinem Reichtum an Kontrasten.

„Die Leute bezeichnen unsere Arbeit oft als neues mediterranes Design, aber das führt zu Mißverständnissen. Damit bekommen unsere Werke den Beigeschmack des explizit Südländischen, und mit südländisch wird normalerweise etwas wie neapolitanische Folklore, also mehr oder weniger Kitsch, assoziiert. Geht man hingegen von dem Gedanken aus, daß ein großer Teil der europäischen Kultur an den Ufern des Mittelmeeres entstanden ist, so ist das eine Definition des Südländischen, mit der wir uns identifizieren können und die wir für uns in Anspruch nehmen", erklärt Sergio Cappelli. Patrizia Ranzo, die sich leidenschaftlich für Design-Theorie interessiert, die sie an der Technischen Hochschule von Neapel lehrt, faßt dieses Postulat noch präziser. „Wir arbeiten in Neapel, diese Stadt ist unsere kulturelle Wiege, unser Kollektivgedächtnis, unsere Stärke.

All das bedeutet sehr viel für uns, aber das wichtigste scheint mir zu sein, daß das Design heute, wo es nicht mehr von bestimmten Materialien oder der Nähe bestimmter Industrien abhängt, nicht mehr systematisch an einzelne Orte gebunden ist. Es gibt natürlich einige Einschränkungen in Neapel, und wir sind uns dessen durchaus bewußt. Neapel ist vom praktischen Standpunkt aus betrachtet keinen großen Wirkungskreis. Aber dieser Aspekt hat sich für uns zu etwas Positiven gewandelt. Da wir nicht unter Druck stehen, können wir uns besser konzentrieren. Und wenn man wirklich gerecht ist, muß man zugeben, daß die Neapolitaner besonders begabt sind, wenn es darum geht Probleme zu lösen. Sie haben wirklich große Erfahrung auf diesem Gebiet."

Sergio Cappelli und Patrizia Ranzo haben sich durch das Design zueinander gefunden. Seitdem arbeiten sie in großer Intensität und völliger schöpferischer Harmonie zusammen. Als sie sich kennenlernten, war die heute 36 Jahre alte Patrizia Architekturstudentin. Sie verstand sich als Revolutionärin und war in der Frauenbewegung aktiv. Der sechs Jahre ältere Sergio nahm als Sympathisant als einziger Mann an den Treffen der Frauengruppen teil.

Inzwischen arbeiten sie schon so lange zusammen, daß es schwer ist, ihre jeweiligen Arbeitsbereiche zu definieren. Es ist sicher so, daß Sergio sich mehr von seiner Phantasie beflügeln läßt, während Patrizia das Design rationaler und konkreter angeht und immer genau weiß, was sie will. „Ich glaube, ich bin ein typischer Wassermann," sagt Sergio Cappelli, „ich komme manchmal vom Weg ab." „Wenn ich ein Objekt entwerfe," fügt Patrizia Ranzo hinzu, „ist das nicht allein mein Verdienst. Sergio hinterläßt immer seine Spuren. Und wenn das Objekt ihm nicht gefällt, akzeptiere ich seine Kritik, denn wir stehen nie in Konkurrenz miteinander. Sehr oft ist es sogar so, daß, wenn ihm das Ergebnis meiner Bemühungen nicht gefällt, ich auch nicht mehr ganz zufrieden bin. Unser Design ist mit uns gemeinsam erwachsen geworden. Als Resultat ist es schwierig, unseren jeweiligen

Autoderby, 1988
Ausstellungsraum von
Fiat, Neapel

persönlichen Anteil an den Objekten, die wir herstellen, zu unterscheiden."

Patrizia Ranzo und Sergio Cappelli haben das seltene Talent, sich die Zeit zu nehmen, um das, was sie machen, auch zu würdigen. Es ist dies eine Gabe, die mit Neapel zu tun hat. Ihre neapolitanische Herkunft hat Stücke von großer Kühnheit, besonders im Umgang mit dem Material, hervorgebracht. Dieses Paar, das seine Werke ganz und gar nicht unter rein funktionalen und traditionellen, ästhetischen Gesichtspunkten entwirft, verleiht ihnen im Gegenteil ein aus dem Rahmen fallendes expressives Potential. Zu diesem Zwecke arbeiten sie eng mit einem Chemiker zusammen, damit sie verschiedene Arbeitsverfahren an Aluminium, Beton oder Epoxy-Harz ausprobieren können. „Heute sind die Materialien so hybrid, daß sich die Legierung im eigentlichen Sinne nicht mehr vom dekorativen Element unterscheiden läßt", sagt Patrizia Ranzo. „Das ist faszinierend und ist ein Teil der Zeitgeschichte, so wie jeder Kampf des Menschen um die Beherrschung von Materialien mit einem bestimmten Zeitalter der Menschheit zusammenfällt."

Einige ihrer suggestivsten Werke zeugen von zahllosen Experimenten mit Eloxierungverfahren für Aluminium. So eine Serie von Tischen, geschmückt mit einem metallenen Motiv in Blattform, das sie sorgfältig haben rosten lassen. Der so erzielte Effekt erinnert an eine Versteinerung, in der Erinnerungen an vergangene Zeiten verborgen sind. Eine ähnliche poetische Dimension haben sie mit Epoxy-Harz und Beton erreicht bei der Herstellung eines Bodenbelags für neapolitanische Büros. Diese Projekte entstanden durch direkte oder indirekte Rückgriffe auf Untersuchungen, die sie für ihre im Jahre 1985 für eine Ausstellung entworfene „Flower Stand Shelf" (Blumen-Etagere) durchgeführt haben. „Das war eine bahnbrechende Kreation. Es war das erste Mal, daß es uns gelang, dem Objekt einen Ausdruck durch eine Sprache zu

Krokodil, 1989
Tisch aus Aluminium.
Hersteller: Anthologie
Quartett

Oben:
Tirreno & Eleno, 1989
Übertöpfe aus Keramik.
Hersteller: Anthologie
Quartett

gehen, die wirklich unsere eigene war. Wir haben dieses Möbel für die Ausstellung 'La casa del naturalista' (Das Haus des Naturalisten) entworfen, und wir wollten ausdrücklich edel sein und uns in einer Traumsprache ausdrücken."

Der Traum spielt eine wichtige Rolle in ihrer Arbeit. Sie behaupten im übrigen, daß die besten Ideen ihnen immer in Tagträumen kommen. „In Träumen spielen sich wahrscheinlich sehr viel lebhaftere geistige Prozesse ab, als in der Zeit, in der wir wach und auf jene Form der Logik beim Denken fixiert sind, die nur das Nacheinander erlaubt." Patrizia Ranzo bezieht sich auf Übertöpfe, die sie für Anthologie Quartett entworfen haben: Es sind dies Objekte, die eines Tages, als sie durch die Altstadt von Capoua liefen, wie aus einem inneren Zwang heraus entstanden.

Die Inspiration scheint dieses besondere Paar nie zu verlassen. Aber Sergio Cappelli und Patrizia Ranzo geben beide zu, daß sie manchmal kämpfen müssen, um ihre Klienten davon zu überzeugen, daß Träume sich verwirklichen lassen. „Wir lernen oft Industrielle kennen, darunter auch sehr aufgeschlossene, die für manche unserer Projekte kaum zu interessieren sind", erklärt Cappelli. „Andererseits ist für uns klar, daß, wenn z.B. ein Tisch ohne weiteres akzeptiert wird, dies nur seines völligen Mangels an Neuem wegen geschieht. Es ist wirklich aufregend, das Design und die Fabrikanten zur Innovation hin zu bewegen." Sie sind stur genug, um es zu schaffen. „Alle unsere Projekte werden früher oder später Wirklichkeit. Denn wir akzeptieren nie ein 'Nein' als Antwort, vielleicht um Widerstände zu beseitigen. Aber am Ende sind die Leute in der Regel zufrieden mit dem Ergebnis, vor allem was unsere Interieurs betrifft."

Kein Wunder also, daß die Firmen, mit denen Patrizia Ranzo und Sergio Cappelli eng zusammenarbeiten, klein und jung sind. Der Wandschrank „Evergreen", den sie 1988 entworfen haben, und der Nachttisch „Notturno" aus dem folgenden Jahr wurden von Lapis produziert. Anthologie Quartett produziert ihre Tische aus eloxiertem Aluminium und die Übertöpfe. Der für den Goldenen Kompaß 1987 nominierte Tisch „Agave" wird von Stildomus produziert. Sergio Cappelli und Patrizia Ranzo geben zu, daß dies ihre Lieblingsstücke sind und nicht die bekannteren wie z.B die „Projecting Clock", die den ersten Preis bei dem japanischen Wettbewerb Seibi erhielt. In ihrer wenig orthodoxen Art die Uhrzeit auf eine Wand zu projizieren, war sie sicher sehr originell, aber zweifellos nicht so fremdartig wie die von der Natur inspirierten Objekte mit metallenen Oberflächen und rostigen Motiven.

Projecting Clock, 1986
Uhr aus Sperrholz
und Metall.
Erster Preis beim Seibu-
Wettbewerb, Tokio

Inneneinrichtung, 1988
Schreibtisch aus Ulme
und Epoxyd-Harz
und Fußboden
aus Beton.
Studio Ricciardelli, Neapel

Folgende Seiten:
Plant Shelf, 1985
Holz und Metall.
Ausführung für die
Ausstellung „La Casa Del
Naturalista".

Denis Santachiara pflegte in seiner Heimatstadt Campagnola oft die Schule zu schwänzen. Er ging dann in die elterlichen Weinberge. Aber er hatte außer Trauben und Wein noch eine andere Leidenschaft: Autos entwerfen. Er zeichnete Chassis von Serienwagen und dachte sich neue Karosserien aus. Mit 16 Jahren verwirklicht er den Traum vieler Jugendlicher aus den sechziger Jahren und findet eine Anstellung als Auto-Designer bei De Tomaso in Modena. Heute, mit 38 Jahren, erinnert er sich noch immer an die Lektion: „Je mehr Tricks ein Taschenspieler kennt, desto besser kann er Illusionen und Entzücken erzeugen."

Sehr bald befriedigt das Auto allein ihn nicht mehr; er will mehr und versucht sich an Modifizierungen des technischen Denkens. Er stellt ein Teleskop her, das alle wissenschaftlichen und analytischen Eigenschaften vom Teleskop Galileis besitzt. Aber er will nicht die Sterne studieren, er will sie in Farbe sehen. Die wissenschaftliche Ratio wird zugunsten von hedonistischen Zielen umgelenkt. Es hatte dies weder mit Ideologie zu tun, noch mit neoromantischen Tendenzen; es war einfach die Weiterentwicklung einer der Technik entstammenden Sprache.

Denis Santachiara begann mit Computern zu arbeiten und von rein technischen Voraussetzungen ausgehend versuchte er, ganz im Sinne eines Taschenspielers, zu einer Anti-Technologie zu finden, die die Ursache isoliert, um die Wirkung herauszuarbeiten. Für die Biennale in Venedig im Jahre 1980 entwarf er „La Collina Soffice" (Der liebliche Hügel): Auf einem Bildschirm wurde ein Hügel rekonstruiert, allein nach der Erinnerung der Person, die ihn zuvor gesehen hatte und die Gegend, das Haus, die Blumen usw. beschrieb. Sogar eine Nahansicht der Blumen oder ein Blick in das Innere des Hauses war möglich. So war eine persönliche, lebendige Interpretation möglich. Dieses Projekt, das typisch für die meisten Arbeiten Santachiaras ist, konnte in eine kleine szenographische Struktur übernommen werden.

Danach schafft er Prototypen: einen Fön (1981), der Parfüm verteilt, oder die „Sister chairs" (Die Schwestern-Stühle, 1987) für die Schweizer Gesellschaft Vitra; „Timida" (Die Schüchterne) hat kleine Glühbirnen unter dem Stoff, die aufleuchten bzw. „erröten", wenn man die Stimme erhebt; „Espansiva" (Die Hitzige) bläht sich auf je nach Körpertemperatur; und „Volubile" (Die Unstete) wechselt die Farbe – ebenfalls je nach Körpertemperatur. Für die Schlaflosen erfand er 1988 die Lampe „Italian Night" (Italienische Nacht). Wenn man sie ausmacht, projiziert sie die Silhouetten von Schafen auf die Wand, solange bis man in Morpheus' Arme gesunken ist. Das „Thunderstorm kit" (Sturm-Set) entstand 1988 für Dilmos. Es ist hinter einem Glasschirm zwischen Pflanzen zu installieren, und bietet fünf Minuten lang ein Spektakel aus Regen, Wind, Sturm und Blitzen. Danach wird es wieder schön und ein fröhliches Vogelgezwitscher hebt an.

Da er oft von großen Gesellschaften gesponsert wurde, konnte Denis Santachiara mit Projekten experimentieren, die nicht auf eine sofortige Produktion abzielten. Dies ist der Fall bei seinem „Plastic Bicycle" (Plastikfahrrad) für Stil Resine (1989). Es wurde hergestellt von Snia Viscosa und besteht aus zwei Teilen. Es hat als Kette einen von Pirelli hergestellten Treibriemen, eine Klingel, die die fünf berühmtesten Opern Verdis, darunter Aïda, spielt, ein Alarmsystem „Help" und einen Zähler, der die Menge der beim Fahren verbrauchten Kalorien berechnet.

DENIS SANTACHIARA

Links:

Ines, 1985

Hausroboter.

Terminal aus Metall und Glasfaser.

Auftraggeber: Kartell

La Casa Onirica (Das Haus der Träume), 1984
Präsentation von Stoffen und Zinkverkleidungen für die Triennale von Mailand und im Grand Palais in Paris.

Air-sofa, 1985
Sofa aus Metall, Stoff
und Schaumgummi mit
innerer Beleuchtung.
Hersteller: B + B Italien

Folgende Seiten:
Trans, 1989
Couch-Bett aus
Metall und geschäumtem
Polyurethan.
Hersteller: Campeggi

Santachiara liebt an der Technik den Umgang mit dem Künstlichen, das ihm in den elektronischen Bildern, der Fiktion, der Trickfilmtechnik und den filmischen Spezialeffekten zur Verfügung steht. Aus dem Spektrum der technischen Möglichkeiten wählt er einzelne Elemente aus und transponiert ihre ursprüngliche Logik so, daß sie in eine Welt mit neuen kulturellen und sensorischen Bezügen Eingang findet. Die Performance ist seine Hauptbeschäftigung. Er ist ein Wegbereiter auf diesem neuen Gebiet, das die jüngste Entwicklung der Technologie uns verfügbar gemacht hat.

Darin unterscheidet er sich vom zeitgenössischen italienischen Design, das er eher als Athlet denn als Ballerina sieht. Dem Athleten geht es um in Zahlen meßbare Rekorde, die Ballerina bietet dem, der ihr zuschaut, einen kurzen Moment des Vergnügens.

Maestrale (Mistral), 1987
Raumbelüftungsgerät
aus Aluminium und Stoff,
mit Licht.
Hersteller: Dilmos

Oben:
„Work Station", 1986
(in Zusammenarbeit mit
F. Raggi und A. Meda)
Multifunktionales Telefon.
Verschiedene
Plastikmaterialien.
Prototyp für Italtel
Telematica

Epsilon, 1988
Inneneinrichtung einer
Diskothek.
Auftraggeber: Studio
Immagine

Diva, 1987
Stuhl aus massivem Mahagoni und Leder. Hersteller: Sawaya & Moroni

WILLIAM SAWAYA

William Sawaya wurde vor 40 Jahren in Beirut geboren. Seine Eltern wollten, daß er Arzt wird, aber er fand es vernünftiger, sich auf die Architektur zu verlegen. „Ich habe mich auf Innenarchitektur spezialisiert und ein Paris-Stipendium erhalten. In Paris stellte ich fest, daß Frankreich auf diesem Feld auch nicht mehr zu bieten hat als der Libanon. Darum beschloß ich nach Italien zu gehen. Das war 1978. Heute fühle ich mich hinsichtlich des Designs ganz als Italiener, denn ich habe alles in Mailand gelernt. Trotzdem muß ich einräumen, daß vereinzelt orientalische Reminiszenzen in mein Design einfließen."

Sawaya besitzt zusammen mit Paolo Moroni ein florierendes Architektur-Büro, dessen Verträge mit Los Angeles, Frankreich, Spanien, Saudi-Arabien und Griechenland ihn zu vielen Reisen zwingen. Auf den langen Flügen kommen ihm seine Ideen. „Ich kann nur unter Druck arbeiten. Wenn ich entspannt und glücklich bin, habe ich nur Lust zu tanzen und mich zu amüsieren. Fliegen ist mir immer ein bißchen unheimlich, und das stimuliert mich. Wie zufällig habe ich nie Papier zur Hand und ich muß meine Ideen auf Servietten oder auf allem, was mein Nachbar mir borgen kann, festhalten."

Viel Inspiration findet er in der Literatur. Für den 1988 entworfenen Stuhl „Xaver" z.B. ließ er sich stark von einem Roman von Milan Kundera anregen, in dem es um einen Mann geht, der in den eigenen Träumen gefangen ist. Aber er stellt klar: „Das Leben ist mir doch noch mehr Muse als die Bücher. Es hat mir z.B. die Idee zu dem Stuhl 'Diva (1987) mit der gewellten Rückenlehne und den Beinen in der schlanken Form von Pfennigabsätzen eingegeben."

Sein Haus ist komplett antik eingerichtet, was bei einem so modernen Designer merkwürdig wirken mag. „Ich liebe alte Möbel," sagt er, „sie regen mich oft an. 'Teco', der Nußbaumschreibtisch, den ich 1985 entwarf, hat ganz offensichtlich eine antike Ahnenreihe. Er ist mein bis heute bekanntestes Stück. Für mich liegt sein Charme in seinen vielen kleinen Schubladen. Ganz traditionsgemäß besitzt er übrigens auch zwei Geheim-Schubladen, deren eine so verborgen ist, daß sie wirklich schwer zu finden ist."

Als künstlerischer Direktor von Sawaya & Moroni entwirft er exklusiv für diese Firma und beschränkt sich auf circa zwei Entwürfe pro Jahr. „Ich lege keinen Wert auf eine Monopolisierung des Labels, und als erster Kritiker meiner Entwürfe zerstöre ich viele von ihnen. Dafür kommt es oft vor, daß ich Entwürfe sehe, die ich nicht für wert hielt produziert zu werden und die andere nach Jahren aufgegriffen haben. Das macht mich dann nachdenklich: Vielleicht sollte ich nicht alles in den Papierkorb werfen, was mir nicht gefällt." Jedes Jahr produziert die Gesellschaft die Kollektionen von renommierten Designern wie Michael Graves, Charles Jencks, Kazuo Shinohara, Adolfo Natalini und Osvald Mathias Ungers, und Einzelstücke von Designern, die am Beginn ihrer Karriere stehen. „So haben wir 1989 auf der Möbelmesse die Kollektion von zwei jungen deutschen Designern, dem Team GinBande, vorgestellt. Wir haben auch Marco Mencacci produziert, der heute einen Teil unserer Graphik entwirft. Sein Stuhl ‚Tatlim' ist zugleich originell und technisch realisierbar.

Die Machbarkeit ist für mich von fundamentaler Wichtigkeit.

Ella & Mambo, 1989
Sessel aus Polyurethan-Schaum, bezogen mit Leder oder Stoff, mit Nickel- oder Epoxy-Röhren.
Hersteller: Sawaya & Moroni

Künstlerisch angehauchte Pseudo-Designer, die absolut unrealisierbare Objekte entwerfen, kann ich nicht verstehen."

Nun, da er die ersten Schritte im Sicherheit verleihenden Umfeld der eigenen Firma hinter sich hat, ist er bereit, sich der Kritik von außen zu stellen. „Andere Firmen haben mich oft darum gebeten, für sie zu arbeiten, aber bisher war mein Kompagnon Paolo Moroni nie einverstanden. Ich hoffe, wir finden bald eine Lösung, denn in beruflicher Hinsicht ist es doch frustrierend, auf ein einziges Unternehmen beschränkt zu sein."

Ohne seine ersten Entwürfe zu verleugnen, glaubt Sawaya doch, daß seine aktuellen Arbeiten kühner sind. „Das entwickelte sich allmählich", sagt er, „und ich glaube, daß es auch so sein muß, wenn man ernsthafte Arbeit tun will. Nehmen wir z.B. den französischen Designer Philippe Starck. Sein Auftritt auf der Design-Szene zog das Auftauchen ganzer Heerscharen von Stegreif-Designern nach sich, die Objekte aus gebogenem Metall entwarfen. Aber wegen fehlender seriöser Ausbildung und ungenügender Material- und Technikkenntnis erwiesen sie sich sämtlich als unbrauchbar."

Symbol, 1985
Sofa aus Holz und Polyurethan.
Hersteller: Sawaya & Moroni

Replay, 1985
Tisch aus marmoriertem Ahorn, bedeckt mit einer Platte aus Glas oder mattem Polyester-Lack.
Hersteller: Sawaya & Moroni

Pari (Gleich), 1987
Klapptisch aus Holz, lackiertem Chrom und Nickelplattierung.
Hersteller: Sawaya & Moroni

Xaver, 1988
Stühle aus Holz oder Leder und Chromstahl. Hersteller: Sawaya & Moroni

Interieur, 1987
Privathaus, Mailand

LUCA SCACCHETTI

In gewisser Weise erinnert Luca Scacchetti an einen jungen Mann, der so lange die Rolle des gesetzten, energischen Herren gespielt hat, daß es ihm nun schwer fällt, sich bei einem Spaziergang locker und natürlich zu bewegen. Das ist ganz und gar verständlich, denn mit seinen 37 Jahren fehlt es Scacchetti zwar nicht an Lebensfreude, aber er trägt doch schon seit vielen Jahren eine schwere berufliche Verantwortung. Er ist umgeben von 12 Mitarbeitern, die in seinem Büro oder auf den Baustellen an einer beeindruckenden Zahl von Projekten in unterschiedlichen Entwicklungsstadien arbeiten. „Ich habe in beruflicher Hinsicht unglaubliches Glück. Ich habe mit Aufträgen zu tun, die ein ganzes Team reifer Männer lähmen könnten, und ich bin erst 37. Aber um ehrlich zu sein: Ich muß sagen, daß ich manchmal eine gewisse Erschöpfung spüre."

Der Rückzug Scacchettis aus der Architektur- und Designszene wird sicher nicht morgen schon kommen. Allein deshalb vielleicht, weil er nie wirklich dazugehört hat, zumindest nicht bewußt. „Ich stehe völlig außerhalb der Modeströmungen. Das heißt heute: Ich werde munter kopiert und empfinde das eigentlich als Ehre."

Durch seine Herkunft aus einer Familie von Malern und Architekten bekam er bereits früh einen Begriff von der visuellen Wirklichkeit und ihrer Darstellung. Luca beschließt Kunst an einer Fachhochschule zu studieren und macht dann in Mailand sein Examen als Architekt. Es ist die chaotische Zeit der Studentenunruhen, und „ich war auch befallen", sagt er. Er macht wichtige Bekanntschaften, vor allem mit dem Architekten Giovanni Muzio. „Er war schon nicht mehr ganz jung. Er war ein außergewöhnlicher Mann, der mir viel beigebracht hat, ein Sandalen tragender Franziskanerpater. Ein wenig mystisch angehaucht, sah er nur das Gute an den Geschäften hier auf Erden, war aber trotzdem ganz der kultivierte Gentleman. Eine seltsame Mischung." Bestimmte Charakterzüge Muzios haben Scacchetti sehr beeinflußt. Der alte Mann interessierte sich z.B. leidenschaftlich für alte Bücher über Architektur. Scacchetti besitzt heute mehr als 7000 davon, die meisten vor 1830 veröffentlicht. Muzio interessierte besonders der Bau von Wohnhäusern, Scacchetti heute ebenfalls. „Nach meinem Architektur-Examen schlug ich mich zunächst mit einem Job auf einer großen Baustelle vor den Toren von Mailand durch. Ich war Polier. Wie ich zu dieser Stellung gekommen bin? Ich weiß es nicht mehr... Sicher habe ich geblufft. Nach drei Jahren war ich Experte geworden. Ich bin übrigens auch heute noch davon überzeugt, daß es bei Architektur und Design nicht so sehr auf die Entwürfe ankommt, als vielmehr darauf, daß man ein fertiges Produkt erhält. Das war früher schwer zu verstehen. Es war Mode bei Architekten und Designern, sich nicht die Hände schmutzig zu machen."

Ungefähr in jener Zeit entwirft Scacchetti seine ersten Möbel. „Es erschien ein Artikel über sie in der Zeitschrift Gran Bazaar, in dem ich die Gelegenheit wahrnahm, meine Meinung zu äußern. Die Hälfte der Professoren der Technischen Universität, wo ich heute lehre, rief mich an, um mir mitzuteilen, daß ein Architekt sich nicht so weit herablassen dürfe. Es war lächerlich! Ich antwortete, daß mir ihre Meinung egal sei und daß ich Architekt sei, wie andere Leute Klempner: ohne Prätentionen, und daß ich bisher Aufgaben jeder Art übernommen und sie stets so gut wie möglich ausgeführt hätte."

Hausfassade, 1985

Corso Garibaldi, Mailand

Die Konsequenz aus dieser Auffassung Scacchettis ist, daß für ihn die Realisierung eines Projektes, mag es auch noch so bescheiden sein, immer wichtiger sein wird als das Entwerfen von utopischen Projekten, die dazu bestimmt sind, niemals Wirklichkeit zu werden. „Ich drücke mich mit einem Papier und einem Bleistift aus. Architektur heißt auch Geschichten erzählen, kurze und schlichte vielleicht, aber in jedem Fall welche, die Gefühle ausdrücken."

„Ich empfinde einen großen Abstand zu jenen Designern, die hysterisch werden, wenn man ihnen auch nur einen Strich ihrer Entwürfe abändert", betont er. Das Raffinement Scacchettis liegt unter anderem an seiner Behandlung des Details. „Die Art Detail, um das es mir zur zeit geht, beinhaltet das Fehlen sichtbarer Details. Das erfordert solide Kenntnisse von der Auswirkung des Details auf das Gefüge der Elemente und von den Materialien, sowie von deren Anwendung."

Die Materialien, die Scacchetti bevorzugt in Architektur und Produktdesign verwendet, sind raffiniert, fein und elegant, und werden im allgemeinen klar, linear und mit Nachdruck eingesetzt, u.a. handpoliertes Holz und schöne Steine. Er hat auch Stücke entworfen, die in Serie produziert wurden, so das System Lanus für die Büromöbel Tecno. Erst kürzlich hat er auch mit dem Design von Objekten aus Marmor, Alabaster, Porzellan und Glas begonnen.

Hinter den Werken Scacchettis verbergen sich manchmal amüsante Anekdoten. Z.B. hinter „Imperial Toledana", einem Nußbaum-Bücherschrank, den er für die deutsche Firma Martex entwarf. „Da die Kosten für die Handarbeit in Deutschland hoch sind, übergab Martex einen Teil der Fertigung nach Spanien. Toledo ist stolz auf seine herrliche gotische Kathedrale und seine hügelige Landschaft. Direkt gegenüber der Möbelfabrik befand sich die Marzipan-Fabrik Imperial Toledana, und da ich Marzipan über alles liebe und schon viel Zeit damit verbracht habe, mir den Bauch mit diesen süßen Köstlichkeiten vollzuschlagen, beschloß ich, daß der Name des Schrankes diesen Orgien Anerkennung zollen müsse."

Scacchetti ist kein Mann der globalen Ideen, sondern beschäftigt sich mit den Problemen, wenn sie auftauchen. Für ihn ist das eine Art auf dem laufenden zu bleiben. „Unsere Art zu denken wird immer mathematischer," mahnt er, „und dieses Phänomen wird durch die Verwendung von Rechnern noch verstärkt. Wer aber addieren kann, kann auch substrahieren bis zum absoluten Minimum. Je älter ich werde, desto bewußter wird mir, daß ein Möbelstück, um Charakter zu haben, nur ein einziges Unterscheidungsmerkmal haben muß. So stoße ich wieder auf das Quintessenzielle meiner ersten Schöpfungen, auf den Geist meiner Vergangenheit."

Modell, 1986
Lagerhaus von
Unterstringen, Zürich

Interieur, 1985
Pavillon des Schöner-
Wohnen-Hauses, Zürich

Helsinki, 1989
Porzellanvase.
Hersteller: Mangani

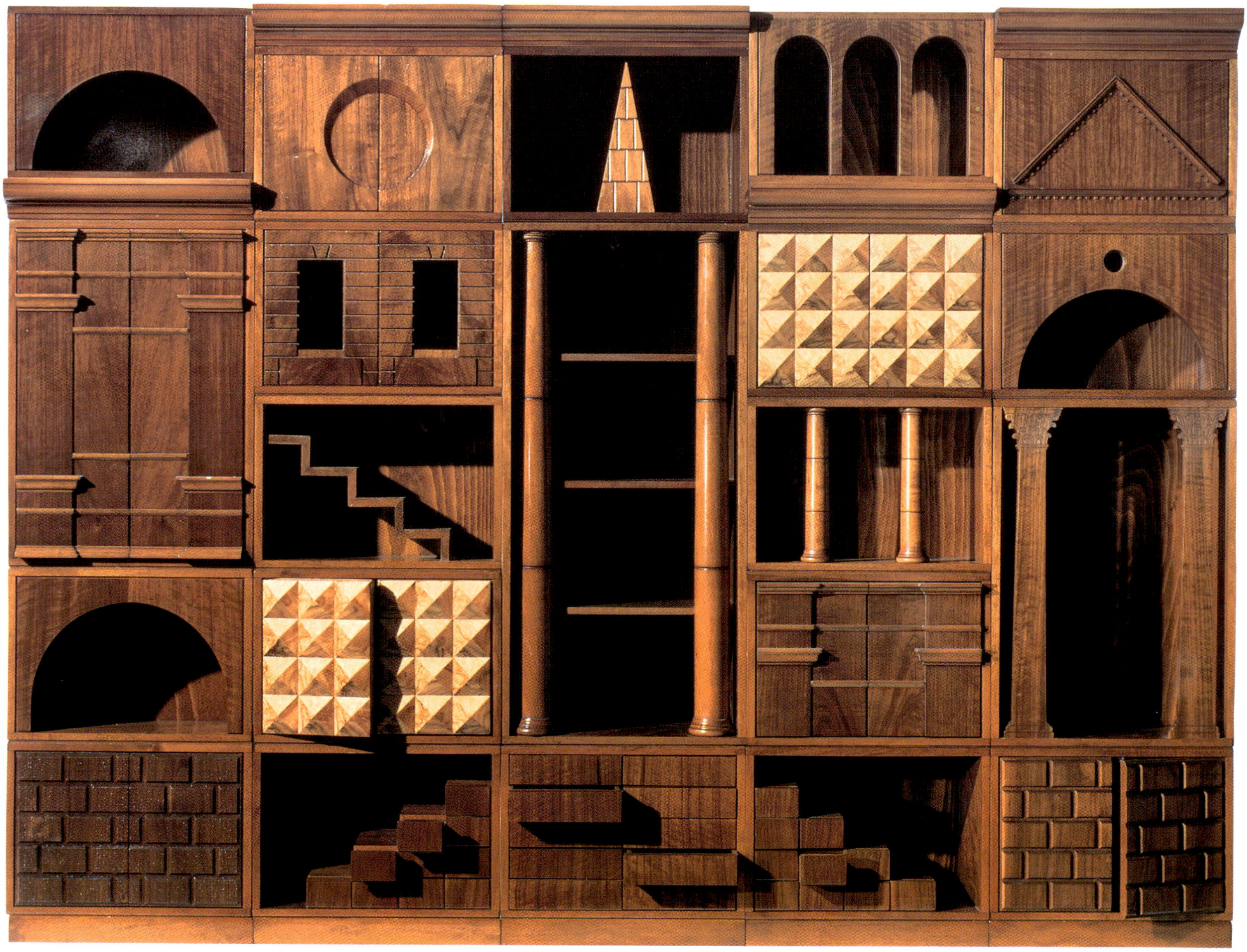

Il Piccolo Architetto
(Der kleine Architekt),
1989
Bücherschrank aus
Einzelelementen.
Aus lackiertem
Kirschbaum oder
gebeiztem Nußbaum.
Hersteller: Sellaro
Arredamenti

In Vino Veritas, 1987
Keramikgefäße für Wein.
Limitierte Auflage für die
Galerie Antonia Jannone.

LUIGI SERAFINI

Luigi Serafini versteht sich nicht als Designer. Dennoch hat er unter Keramiken, Möbel, Bücher und Gemälde seinen Namen gesetzt. Vor allem aber geht es ihm um den praktischen Aspekt seiner Schöpfungen – der Früchter seines erstaunlichen, erfinderischen Genies –, um die Höhe eines Tisches oder die Benutzbarkeit einer Teekanne. Bei allem Bewußtsein für die Alltagsrealität ist er aber doch ein Visionär. Von seinen außergewöhnlichen Werken ist das beim breiten Publikum bekannteste sicher das Buch mit dem Titel „Codex Seraphinanus". Es ist unmöglich dieses 1981 von Franco Maria Ricci veröffentlichte Werk einzuordnen. „Es ist eine Traum-Schrift", erklärt er mit seltsamem Lächeln, „das verformte aber nichtsdestoweniger identifizierbare Abbild eines Themas. Die Affinität der Zeichen meines Kodex' zur arabischen Kalligraphie ist ausschließlich ein Produkt meiner Phantasie. Aber seltsamerweise ist diese Schrift fast realistisch und verständlich. Fachleute kamen, nachdem sie sie im Detail analysiert hatten, zu dem Schluß, daß einige häufig wiederkehrende Formen und Symbole wirklichen Worten ähneln, und daß ihre Anordnung einer Art Syntax entspricht."

Als Kind malte Serafini am liebsten auf Wände. Die Tiere, die damals seine Hauptinspirationsquelle waren, spielen auch in seinen aktuellen Kreationen eine große Rolle. Er hat nie den Kontakt zu den Schimären der Kindheit verloren. Daher seine ingeniöse Phantasie, seine Fähigkeit zu überraschen ohne jemals zu provozieren und seine Fähigkeit, die Aufmerksamkeit auch in einer Ausdrucksweise zu fesseln, die sich am Rande der aktuellen Strömung des Designs bewegt.

„Meine Inspiration ensteht wie eine Art Fata Morgana, die mir auf den ersten Blick vollkommen frei von jeglichen Einflüssen zu sein scheint. Im allgemeinen wird mir erst etwas später klar, daß es doch bestimmte Erinnerungen waren, die diesen Übergang vom Unbewußten zum Bewußten ausgelöst haben. Manchmal sind diese Bilder wie Antennen, die etwas registrieren, was in der Luft liegt. Manchmal sind es Visionen der Zukunft."

Tiere sind nicht das Einzige, was die Phantasie Serafinis anregte. Auch Rom, die Stadt, in der er aufwuchs, inspirierte ihn: das antike Rom, der Renaissance-Stil, die Barockarchitektur, die Malerei, die Farbe und die Textur von Marmor und Travertin – all diese ästhetische und kulturelle Opulenz beflügelte seine Phantasie. Nach dem Gymnasium schrieb er sich, immer noch in Rom, an der Hochschule für Architektur ein, wo er an den Studentenrevolten von 1968 beteiligt war. Mit 22 Jahren, 1971, geht er in die USA, die er sechs Monate lang per Anhalter durchstreift. „Zu Anfang war ich wie betäubt. Dieser Sprung vom 17. Jhdt. ins Jahr 2000 war mehr, als ich ertragen konnte. Ich kannte keinen Menschen und ich begann wie besessen zu reisen. Nach meiner Rückkehr nach Rom konnte ich es nicht mehr an einem Ort aushalten. Ich fuhr wieder weg, diesmal in den Mittleren Orient. Danach ging ich nach Äquatorial-Afrika. Dort hielt man mich für einen Spion und warf mich ins Gefängnis. All diese Erlebnisse mußten ganz zwangsläufig früher oder später in meiner Arbeit auftauchen."

Serafini liebt die räumliche Veränderung. Er teilt seine Zeit zwischen Rom, Mailand und dem Land. „Der Übergang von der phlegmatischen Atmosphäre der Ewigen Stadt in das rasende Mailand, vom sanften Süden in den harten Norden macht mich trunken, bewirkt eine Art von sehr positivem Schwindelgefühl." Seine Visionen variieren in Form und Intenistät je nach dem Ort,

Sferisterio, 1986
Tisch aus lackiertem Metall mit Mattglasplatte. Hersteller: Sawaya & Moroni

Oben:
Pferde-Teekanne, 1989
Teekanne aus Keramik und Kupfer. Prototyp

in dem er sich befindet. Aber immer sind sie die Inspirationsquelle für seine Illustrationen und funktionalen Objekte. „Ich habe immer festgestellt, daß die Dinge zur rechten Zeit geschehen. Die Idee zu meinen ersten häuslichen Utensilien kam mir während der Arbeit an der Konzeption eines Hauses, das zufällig das zweite für ein und denselben Kunden war. Dieser war sehr zufrieden mit dem Grundriß und der Einrichtung des ersten gewesen und ließ mir freie Hand. Er war bereit, auch exzentrische Materialien und Formen zu akzeptieren. Unter diesen Bedingungen entstanden der Stuhl 'Suspiral' (1986) und der Tisch 'Sferisterio' (1986), beide hergestellt von Sawaya & Moroni."

Serafini war bereits kein Fremder mehr in der Welt des Designs. Flexform produzierte einen seiner Tische, und er hatte 1981 einen Spiegel für die erste Kollektion von Memphis entworfen. Aber vor allem hatte Michele De Lucchi Sottsass den noch im Stadium der Korrekturfahnen befindlichen „Codex" gezeigt. Serafini wurde von Sottsass eingeladen. Es entstand sofort ein Klima des gegenseitigen Respektes zwischen ihnen.

„Das Seltsame an dem Spiegel 'Sheraton', den ich für Memphis entworfen hatte, war, daß nur kurze Zeit nach seinem Erscheinen auf dem Markt ein Artikel über ihn in einem Bastler-Magazin erschien, der mit gezeichneten Arbeitsanweisungen erklärte, wie man sich sein eigenes Memphis-Mobiliar herstellen konnte", erinnert er sich amüsiert.

Obwohl Serafini auch mit Alchimia zusammengearbeitet hat, ist er doch kritisch gegenüber den Werten - oder den fehlenden Werten - eingestellt, die diese Gruppe ausdrückt. „Sie waren sicherlich sehr originell, aber ich hatte das Gefühl, daß es ihrer Art die Dinge der Vergangenheit zu behandeln an kultureller Substanz fehlte. Alessandro Mendini war sicher nicht oberflächlich, aber das dominierende Merkmal von Alchimia war doch eine Art Exhibitionismus. Vielleicht ist das ein Merkmal der heutigen Zeit."

Serafini hat in den letzten Jahren etliche seiner Projekte Memphis angeboten. Keiner wurde angenommen. Er schreibt das dem Wunsch Sottsass' zu, einen bestimmten Aspekt dieser Kollektion von revolutionären Objekten zu definieren und zu kultivieren. Wirklich sind der Ansatz und die Werke Serafinis zu persönlich, als daß sie in ein kollektives Oeuvre integriert werden könnten. Das vorherrschende Design mißt große Bedeutung der Produktion, der Schrift und der Malerei zu, während für Serafini alles nur spontaner Ausdruck bestimmter Visionen ist.

„Zur Zeit bin ich nicht zufrieden mit der Art, in der ich meine Zeit in meine verschiedenen Tätigkeiten aufteile. Wenn man mich um Hilfe bittet - und das geschieht oft -, bin ich unfähig abzulehnen. Als Resultat finde ich mich oft in Projekte verstrickt, die mich kaum interessieren." Aber im Endergebnis spielt es keine Rolle: Alles ist eine Bereicherung. „Man könnte diese Phase 'meine reifen Jahre' nennen. Ich bin sehr empfänglich für Üppigkeit. Speziell für die des Nachmittags, wenn die Farben im ganzen Reichtum des Spektrums erstrahlen und die Natur all ihre Reichtümer ausschüttet, auf daß der Eingeweihte von ihnen Besitz ergreift, noch ehe der erste Abendwind sich erhebt."

So jung und radikal Serafini auch wirkt, er ist entschieden ein Träumer und ein Denker, der seinen Weg zwischen Schimären und der Wirklichkeit sucht und dem es gelingt, diese Gegensätzlichkeiten auszulöschen.

Suspiral (Spirale), 1986
Stuhl aus Stahl, Stoff
oder Leder.
Hersteller: Sawaya &
Moroni

Sed, 1989
Stuhl aus Glas
und Metall.
Hersteller: Tonelli

King Botto, 1988
Flakon aus Keramik und versilbertem Metall. Hersteller: Sawaya & Moroni

La Stanza del Coro - Guardaroba, 1988
Verkaufsständer für die Ausstellung „Abitare Il Tempo".

Jacobelli, 1989
Gläser aus geblasenem
Glas mit Kettendekor.
Hersteller: Barovier e
Toso

MATTEO THUN

Die Arbeitsweise Matteo Thuns ähnelt stark derjenigen der Modewelt. Er entwirft mehrere Kollektionen gleichzeitig, ganz wie Karl Lagerfeld, der Designer von Chanel, oder auch wie Fendi und andere. Das Atelier Thuns ist auf Schnellebigkeit eingerichtet. Er produziert Arbeiten, die visuell konsumierbar sind. Sein Design ist vor allem für eine Kundschaft bestimmt, die sich für Architektur und Graphik interessiert, und für die Produktion von Objekten.

„Ich bin überhaupt auf gar nichts spezialisiert", sagt er. In dieser Behauptung verrät sich seine Ausbildung bei Sottsass. Thun war in der Tat einer der Gründungsmitglieder von Sottsass Associati, mit denen er von 1979 bis 1984 zusammenarbeitete. Dieser vielseitige künstlerische Arbeitsansatz geht im übrigen auf die Renaissance zurück, als ein Leonardo Da Vinci oder ein Raffael bereits ihr schöpferisches Genie in den unterschiedlichsten künstlerischen Techniken ausdrückten. Es ist eine sehr italienische Design-Auffassung.

Graf Matthäus Thun-Hohenstein ist geboren und aufgewachsen im Schloß der Familie in Bolzano, einer norditalienischen Grenzstadt. In der Nähe befand sich die Fabrik, in der sein Vater seit 1940 Keramik-Statuen produzierte. Als Kind modellierte der Graf gerne in Ton. Die Liebe zur Kunst, namentlich zur Malerei, hat er von seiner Mutter geerbt. Von ihr hat er auch das Vorbild Brunelleschi übernommen, dem in Raffinesse und Professionalität zu gleichen er auch heute noch anstrebt.

Thun lebt in Mailand, in einer Stadt, die er mit einer betriebsamen Fabrik vergleicht. „Mailand ist eine schnelle Stadt, die ideal zu mir paßt, denn die von ihr ausgehende frenetische Energie und visuelle Stimulation sind wunderbar. Es ist eine ideale Stadt für schöpferische Menschen."

Er produziert „Sofort"-Bilder für seine Klienten (Kartell, Alessi, Tiffany & Co, Bulgari, Swatch und Campari). Der Stress animiert ihn und aus ihm schöpft er die Erregtheit, die nötig ist, um die besten seiner Entwürfe zu realisieren. Seine besten Ideen kommen ihm in den Warteräumen der Flughäfen von Paris, Frankfurt, Düsseldorf und New York.

Er versteht seine Schöpfungen als „hochwertige" Ware, das heißt, als angenehm anzusehen und anzufassen. Der Sehsinn muß sich ausdrücken: „Ich liebe diesen Gegenstand seiner Farbe und seiner Textur wegen und mehr wegen seiner offensichtlichen Eigenschaften, als wegen der verborgenen." Deswegen ist sein Architekturkonzept nicht wirklich architektonisch. Es ist die Oberfläche der Dinge, die ihn interessiert, nicht das Innere.

Thun ist immer bereit, auf die Kunden einzugehen. „Ich stehe im Dienste des neuen kapitalistischen Systems." Es ist dies keine politische, sondern eine existentielle Überlegung. „Ich arbeite gleichzeitig für Tiffany & Co, Swatch oder Alessi. Meiner Meinung nach müßte es die Professionalität dem Designer verbieten, subjektive poetische Botschaften auszusenden, die einer wie auch immer gearteten persönlichen Utopie entstammen. Entscheidend ist, daß die Firma, für die ich die Produkte entwerfe, soviel wie möglich verkauft, daß ihr Umsatz und ihr Gewinn steigen."

Daß sein Design nur für eine Elite bestimmt war, empfand er bei Sottsass und Memphis als traumatische Erfahrung. Weil seine Objekte, wie alle Stücke von Memphis, nur in begrenzten, sehr kostspieligen Stückzahlen produziert wurden, fühlte er sich völlig

Hollywood, 1989
Stehlampen und Lampen
aus Stahl.
Hersteller: Tronconi

Spiegel, 1989
Plastikmaterial.
Hersteller: Kartell

Folgende Seiten:
Tiffany Gin Gin, 1989
Gläser aus geblasenem
Glas.
Auftraggeber:
Tiffany & Co.

vom Rest der Welt abgeschnitten. Darum verließ er die Gruppe auf recht rüde Weise nach zwei Jahren.

Heute produziert Campari von seinen Gläsern 5 Millionen Stück im Jahr. Zu wissen, daß seine Schöpfungen wirklich nützlich sind und nicht nur Ausstellungsstücke, beruhigt ihn und macht ihn glücklich.

Als Lehrer für angewandtes Design und Keramik an der Kunstgewerbeschule in Wien bleibt Matteo Thun in einem für ihn belebenden Kontakt mit der Jugend. Er ist gegen einen theoretischen Design-Unterricht. Er ist imstande einen vielversprechenden Studenten aufzufordern, die Universität zu verlassen und ihn in eine Fabrik zu schicken, auf daß er die Erfordernisse der Produktion kennenlernt. Thun hat als Student bereits Kontakte außerhalb der Universität gesucht. So lernte er den großen Wiener Maler Oskar Kokoschka kennen, der ihn in das Künstlermilieu einführte. Diese Erfahrung hatte wichtige und nachhaltige Auswirkungen auf seine Arbeit.

Seine Design-Theorie, wenn er denn eine hat, impliziert den Begriff der Kommunikation. Wenn die Ästhetik des Produktes den potentiellen Käufern gefällt, ist das angepeilte Ziel erreicht. Und dann würde er gerne mit seinem Design ein gewisses Abbild des Glücks vermitteln. Als Schlußformel zitiert er Anna Piaggi. „Meine Herren, hören Sie! Selbst wenn meine Doppelseite Ihnen nichts sagt, bleiben wir doch Freunde. Indes, könnte ich, und sei es nur für den Bruchteil einer Sekunde, Ihr kreatives Potential steigern, könnte ich, und sei es nur sporadisch, zu Ihrer persönlichen Bereicherung beitragen, dürfte ich mich glücklich schätzen."

Hommage an Madonna, 1986

Besteck aus vergoldetem Silber mit Plastikgriffen. Hersteller: WMF

Topolino/Valigetta (Koffer Mickey), 1988
Lampen aus Metall und Glasblöcken.
Hersteller: Bieffeplast

4 Stagioni (Vier Jahreszeiten), 1989
Stühle, mit Stoff "bekleidet".
Hersteller: Thonet

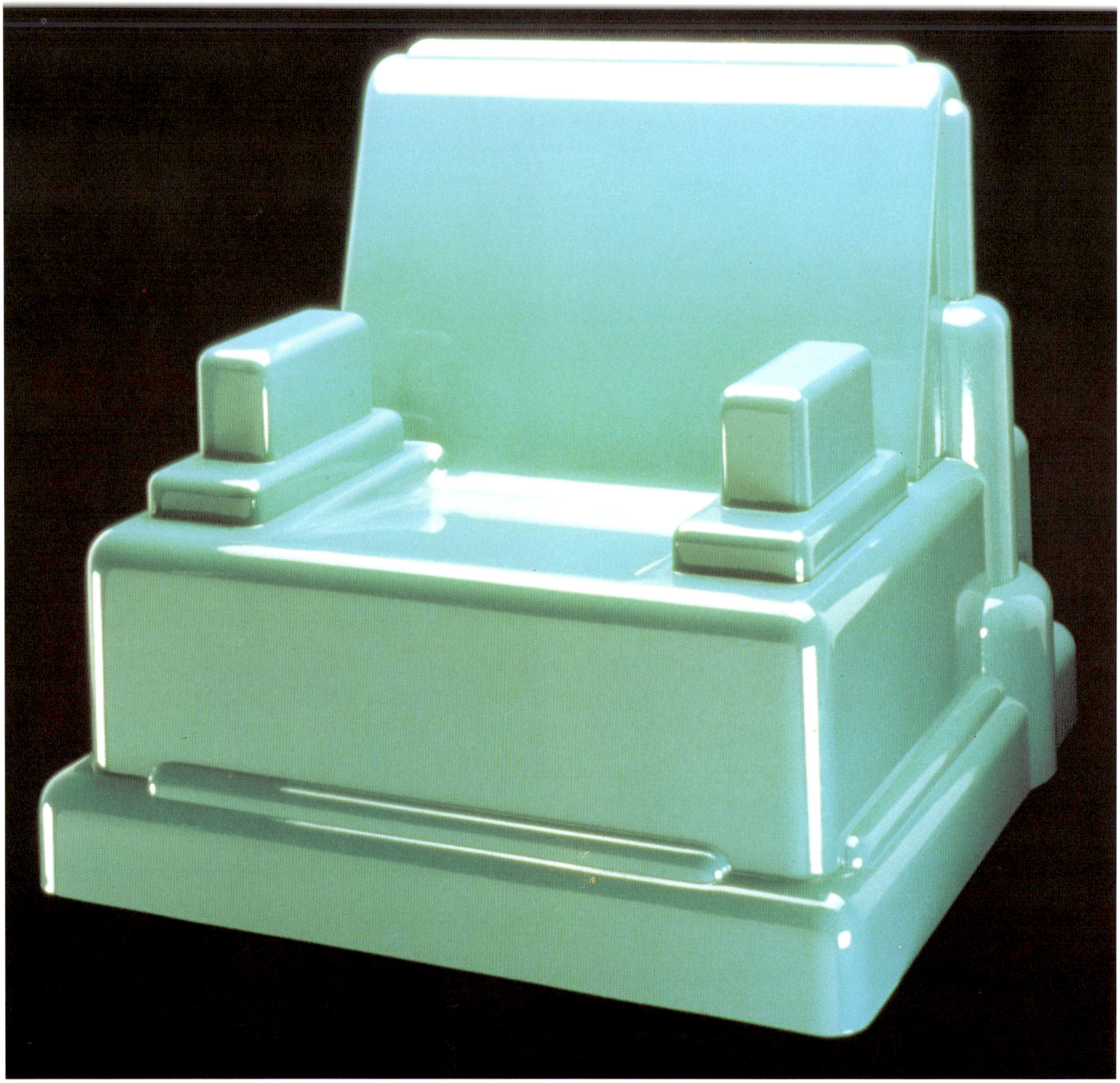

Rom, 1986
Irisierender Sessel aus lackierter Glasfaser. Hersteller: Memphis, Mailand

MARCO ZANINI

„Sie sind mit einem Hemd auf dem Leibe geboren." So beschreiben die Italiener diejenigen, denen von klein auf das Glück lächelt. Von Marco Zanini kann man sagen, daß er mit einem Designer-Hemd auf dem Leibe geboren ist: Er begann mit Ettore Sottsass zu arbeiten, noch ehe er sein Examen in Architektur an der Universität in Florenz gemacht hatte. Übrigens gilt er als sein Protégé, anstelle des Sohnes, den er nie gehabt hat.

„Ich bin vor 35 Jahren in Trento geboren, oben in den Bergen Norditaliens", erzählt Zanini. „1973 ging ich zum Studium nach Florenz. Dort bewohnte ich zusammen mit Marco Zanuso jr. ein Haus auf einem der herrlichen Hügel, die die Stadt überragen. Damals traf ich mich oft mit Michele De Lucchi und ich hatte das Glück, an der Universität Lehrer wie Gianni Pettena und Adolfo Natalini zu haben. Diese freundeten sich unterdessen mit Sottsass an, und so kam es, daß ich ihn fast zufällig eines Tages kennenlernte. Da wir beide aus der gleichen Gegend stammten, entstand sofort eine Atmosphäre der Sympathie zwischen uns. Anfangs begab ich mich ungefähr einmal im Monat nach Mailand, um ihn zu sehen. Diese regelmäßigen Treffen festigten unsere Freundschaft. Eines Tages, es war 1977, bat er mich, in Mailand zu bleiben und mit ihm zu arbeiten. Ich akzeptierte und war zwei Jahre lang sein Assistent. 1979 machte ich schließlich mein Examen."

Es scheint alles sehr leicht für Zanini gewesen zu sein. Aber Zanini will seinen Horizont erweitern und geht nach Amerika. Er arbeitet drei Jahre in Los Angeles für The Lion in the Sun (Der Löwe in der Sonne), ein von einem Iraner und einem Irländer gegründetes Unternehmen, das Kostüme für orientalische Tänzerinnen anfertigte. Er arbeitet auch an Entwicklungsprojekten für die Wüste von Nevada. Diese Arbeit, die sehr viel mehr war als eine berufliche Erfahrung, wurde entscheidend für ihn. Denn, als er wieder in Italien war, stellte er fest, daß er nicht nur einige amerikanische Wertvorstellungen übernommen hatte, sondern auch einige der nützlicheren amerikanischen Gewohnheiten wie das methodische Vorbereiten einer Arbeit. Dieser Auslandsaufenthalt gab ihm, indem er ihn erkennen ließ, welchen Platz Italien im internationalen Vergleich einnahm, den Abstand, der vielen seiner italienischen Kollegen fehlte.

Nach seiner Ankunft in Mailand verkehrte Zanini viel mit dem englischen Architekten George J. Sowden und mit Paola Navone, die er unabhängig von Sottsass kennengelernt hatte. „Ich gebe zu, daß ich das ungeheure Glück hatte, mich auf der Mailänder Szene zu behaupten ohne die geringsten Schwierigkeiten." Anfangs widmete Sottsass sich vor allem der Design-Abteilung Olivettis, dann weitete Sottsass Associati seine Aktivitäten mehr und mehr aus, vor allem nach dem Verschwinden von Memphis.

Große Persönlichkeiten werfen immer Schatten, im Design wie anderswo, und nach Jahren der Zusammenarbeit mit einem Giganten wie Sottsass passiert es Zanini gelegentlich, daß er sich fragt, ob er eine eigene Identität hat, wobei ihm klar ist, daß er sich sehr rasch zwischen denselben kulturellen Polen eingerichtet hat wie Sottsass: dem Wien des ausgehenden 19. Jhdts. und dem Fernen Osten. Letztendlich ist er davon überzeugt, daß die stilistischen Unterschiede zwischen ihm und Sottsass, so subtil sie auch sein mögen, eine Unterscheidung dennoch zulassen. Ist es im übrigen so erstaunlich, daß sein Design dem von Sottsass

so nahe steht? Schließlich sind sie Repräsentanten der gleichen Epoche und einer gleichen Tendenz.

Wie etliche seiner Zeitgenossen ist auch Zanini perfekt im Entwerfen von Objekten für die unterschiedlichsten Materialien. Keramik für einen toskanischen Fabrikanten, Schmuck für Cleto Munari, Holzobjekte für Alessi und Glas für Toso Vetri d'Arte und später für Venini. Von allen Materialien fasziniert ihn das Glas am meisten, und folgerichtig haben ihn seine Kreationen in Glas berühmt gemacht.

„Glas hat etwas Magisches, und ebenso alles, was mit ihm zu tun hat. Man weiß niemals vorher, welches Objekt aus dieser Alchimie hervorgehen wird. Die in der Luft zitternde Silhouette, die dann bis zum nächsten Morgen in einem Ofen verschwindet, ist jedes Mal wieder eine Überraschung. Man kann die Gestalt des Objektes skizzieren, aber seine endgültige Form erhält es von jemand anderem." Venedig schenkt ihm stets aufs Neue seine schöpferische Atmosphäre. „Im Schiff nach Murano übersetzen heißt sich über die Wogen einer Vergangenheit tragen lassen, die sich wunderbar mit dem Prozess des Glasblasens vereint", sagt er. „Unser kulturelles Erbe ist so reich, daß der schöpferische Geist endlose fruchtbarste Inspiration in ihm finden kann."

Die jüngsten Glasobjekte Zaninis zeugen von diesem Reiz, den die versunkenen Zeiten auf ihn ausüben. Die Lampe „Schiavone" erinnert in manchen Zügen an die traditionellen Kronleuchter aus Murano. Sie enstand für die in Japan vor einigen Jahren organisierte Ausstellung „Inspiration". Heute läßt er sich verführen von den zarten Tönungen des venezianischen Glases aus dem 18. Jhdt., die das genaue Gegenteil des kühnen Farbspektrums von Memphis sind. Zanini ist sich bewußt, daß er seinen Stil in den letzten Jahren grundlegend geändert hat. Er ist weniger emphatisch und konzentriert sein Talent mehr auf das expressive Potential der schwebenden Linie als auf die Präzision. Er ist indes das einzige Mitglied der ursprünglichen Gruppe, das den Stil der Sottsass Associati fortsetzt.

Zanini mangelt es weder an Ideen noch an persönlichem Ehrgeiz. Er hofft auf mehr Erfahrung im Architektur-Design. Die Metamorphose, die Zanini durchmacht, um aus dem Sottsass-Kokon heraus zu seinen eigenen Schwingen zu finden, soll allmählich und ohne Verletzungen stattfinden. Keinesfalls aber fürchtet er als blasse Kopie von Sottsass zu gelten. „Das sind nur Hirngespinste von den Leuten. Solche Probleme haben nichts mit der Wirklichkeit zu tun. Ich ging von Florenz nach Mailand, um bei einem Meister zu lernen. Wie Giotto bei Cimabue. Was zählt, ist, daß man weiß, wer man ist."

Schiavone (Sklave), 1989
Leuchter aus geblasenem Glas.
Hersteller: Venini

Vorhergehende Seiten:
Teekanne, 1983
Keramik.
Prototyp für Memphis.
Hersteller: Flavia Ceramic

Lucrezia, 1985
Polstersessel aus
Aluminium.
Hersteller: Memphis,
Mailand

Modell, 1985.
Pappe und Tempera.
Ausgestellt im Studio
Marconi, Mailand

Oben:
L'Ospedale (Das Krankenhaus), 1986
Gouache.

SERGIO CALATRONI

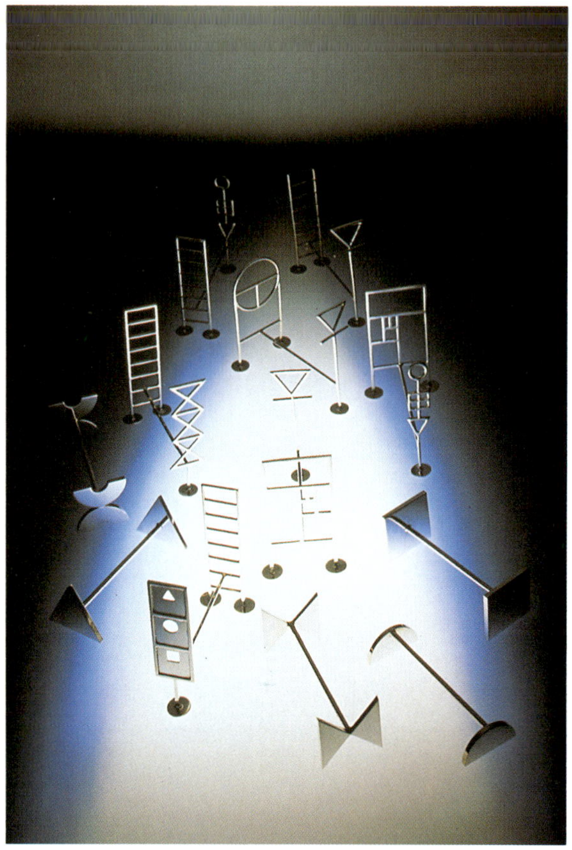

Tu Per Tu (Vis à Vis), 1989
Tische aus Holz.
Hersteller: Fratelli Borghi

Oben links:
Bücherregal, 1989
Holz.
Hersteller: Castiglioni

Vorhergehende Seiten:
Kleine Bank, 1989
Holz.
Hersteller: Fratelli Borghi

Oben rechts:
Cutlery Rests (Messerbänke), 1987
Silber.
Hersteller: Anthologie Quartett

Sergio Calatroni, Designer, Maler, Schriftsteller und Architekt, ist ganz Eklektizist. Er wurde 1951 geboren und studierte an der Kunstakademie Brera in Mailand. Seiner Einschätzung nach wurde er im Laufe der Jahre von der afrikanischen, indianischen, arabischen und japanischen Kunst beeinflußt. Im Rückblick bezeichnet er sein frühes Design als instinktiv wie seine Malerei, und er achtete wenig auf die verwendeten Materialien. Im Gegensatz dazu definiert er die Objekte, die er heute entwirft, als Instrumente alltäglicher Meditation, als Werke, die Ideen ausdrücken bis an die Grenze der Abstraktion. „Ich bin mir vollkommen bewußt," sagt er, „daß ich entscheidendes Gewicht der Qualität der Oberflächen beimesse, der Komposition und vor allem der Bedeutung meiner Stücke. Dieser Anspruch schafft Objekte, die etwas aussagen." Zur Zeit arbeitet Calatroni an den Plänen eines riesigen Hauses in Japan. „Es ist wirklich aufregend, in diesem Maßstab zu arbeiten," bemerkt er, „das Objektdesign ist begrenzt, unter anderem deshalb, weil das Objekt mit der Zeit aus der Mode kommt, während ein Haus genauso wie ein Denkmal für die Dauer entworfen wird. Das macht nachdenklich."

PIERANGELO CARAMIA

Pierangelo Caramia, 32 Jahre alt, machte sein Architektur-Examen an der Universität von Florenz und dann seinen Magister an der Domus Academy von Mailand. Er hat auch an der Bolidisten-Bewegung teilgenommen. „Diese Strömung hat uns junge Designer sehr geprägt. Sie brachte in gewisser Weise die Gefühle, die wir damals dumpf empfanden, auf den Punkt", sagt er. Sein Zusammentreffen in Mailand mit dem französischen Designer Philippe Starck führte zu einem dreimonatigen Paris-Aufenthalt. Hochbefriedigt von dieser Pariser Erfahrung beschloß Caramia sich in der französischen Hauptstadt niederzulassen. „Paris ist meine Stadt, aber ich bin aus freiem Willen Nomade. Ich habe in New York gearbeitet und in Los Angeles, und dann gibt es natürlich auch noch Mailand. Ich finde es wichtig zu reisen. Es vermittelt eine gewisse Objektivität." Caramia entwirft Ausstattungen für Fabriken, Cafés, Restaurants und Galerien; daneben entwirft er Teppiche, Werkzeug, Tische und Gartenmobiliar. Seine Werke beschwören die vierziger und fünfziger Jahre. Er hat die Grenzen der Phantasie immer sehr weit gesteckt, z.B. in dem Skulpturen-Tisch „Arcadia Swing", den er 1987 für XO entwarf.

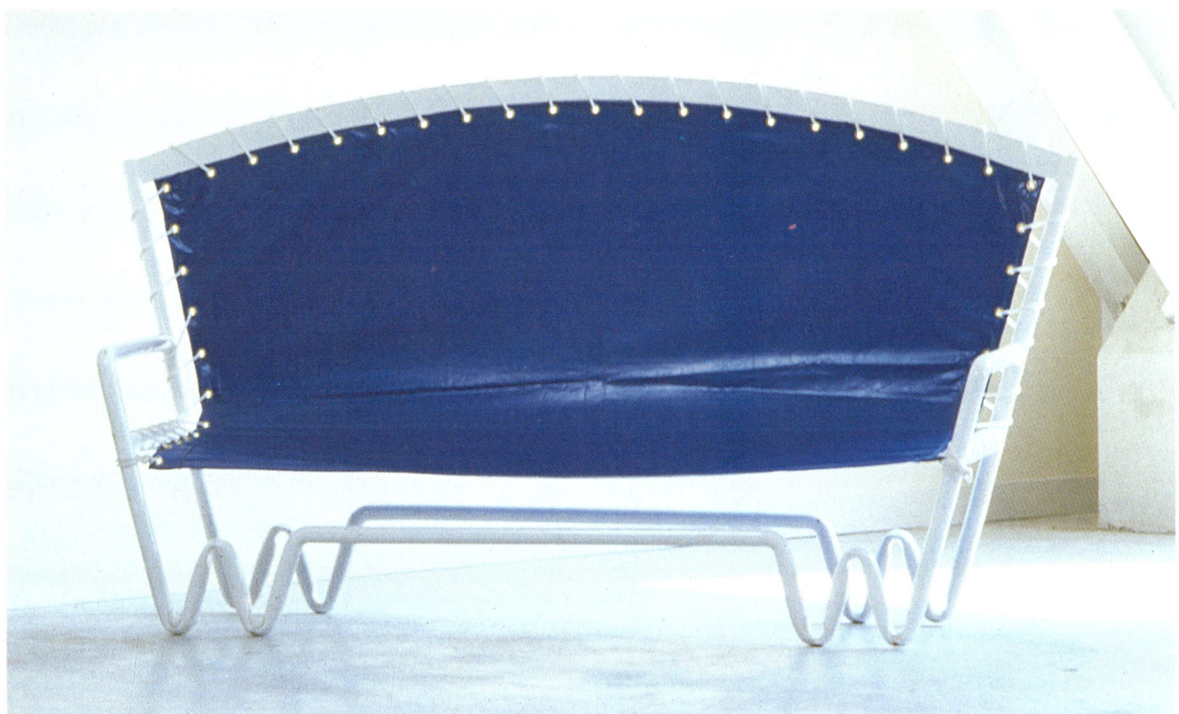

Oben links:
Arcadia Swing, 1987
Tisch aus Kristall und Aluminium.
Hersteller: XO

Victory (Sieg), 1988
Sofa aus Plastik und Stahl.
Hersteller: Société Doublet

Oben rechts:
Tisch, 1990.
Kristall und lackierter Stahl.
Hersteller: Metals

MAURIZIO CASTELVETRO

Der Architekt, Graphiker und Möbeldesigner Maurizio Castelvetro ist aus tiefster Überzeugung seßhaft. Auch im Jahr 2000, wenn er 42 ist, wird er wahrscheinlich noch in seiner Geburtsstadt Cattolica an der Adria leben und arbeiten. Er hat dort sein ideales Umfeld gefunden. Dynamik, Fluidität und Harmonie sind die Charakteristika seiner Werke. Sie zeichnen auch seinen Glastisch „New-Ton" aus, den er 1988 für Fiam entwarf.

1980 war er zusammen mit Giovanni Tommaso Garattoni der Mitbegründer des Studios Complotto Grafico (Graphisches Komplott) und danach eines der Gründungsmitglieder der Bolidisten-Bewegung. Heute arbeitet er alleine. „Besonders reizvoll ist für mich der Gesamtkomplex Kommunikation. Ich möchte graphische Arbeiten machen, aber auch Möbel und kinematographisches und architektonisches Design, das einen echten Dialog mit dem Publikum in Gang setzt. Ich bemühe mich darum, die Seele des Besuchers auf indirektem Weg anzusprechen. Meine Botschaften sind stets mehrdeutig und von einer eher formalen als begrifflichen Symbolik. Ich versuche nur, mich immer mehr an das Mythische anzunähern."

New-Ton, 1988

Tisch aus
geschwungenem Kristall.
Hersteller: Fiam

JEANNOT CERUTTI

Der 1953 in Casablanca geborene Jeannot Cerutti hat seine Kindheit abwechselnd in Frankreich und in Nordafrika verbracht. „Beeindruckt haben mich in Marokko, in der Sahara oder allgemeiner in dieser Weltgegend nicht nur die Formen und Farben, sondern auch dieses andere Verständnis von Zeit und Kreativität. In Afrika existiert das schöpferische Genie einfach, ohne Kopplung an einen wie auch immer gearteten Anspruch", erklärt er. „Mehr noch: Dort unten ist die Mehrheit der Menschen schöpferisch, weil die Zwänge des täglichen Lebens das erfordern. Ich habe mir sicherlich dort die Gewohnheit angeeignet, die Objekte direkt mit meinen Händen zu formen, und das ist zu einem Merkmal meiner Arbeit geworden." Cerutti lebt in Turin, aber die meisten seiner Werke finden sich in Mailand, Venedig und Pisa. „Ich interessiere mich von Tag zu Tag mehr für das Design im Zusammenhang mit der neuesten Technologie, und von daher hat meine Einstellung zu den Möglichkeiten in Turin die Tendenz sich zu verändern. Aber das ist natürlich alles eine Frage der Zeit."

Libabel, 1989
Bücherregal aus Holz, Plexiglas und Stahl.
Hersteller: Sawaya & Moroni

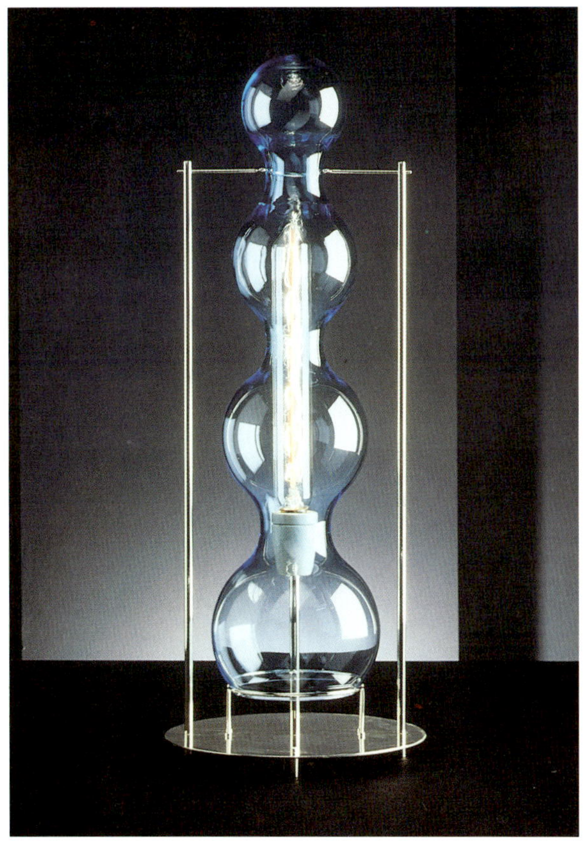

Ismir, 1987
Lampe aus Metall und Glas.
Hersteller: Veart

Oben:
Spider (Spinne), 1986
Deckenleuchte aus Metall und Glas.
Hersteller: Veart

MARZIO RUSCONI CLERICI
LAURA AGNOLETTO

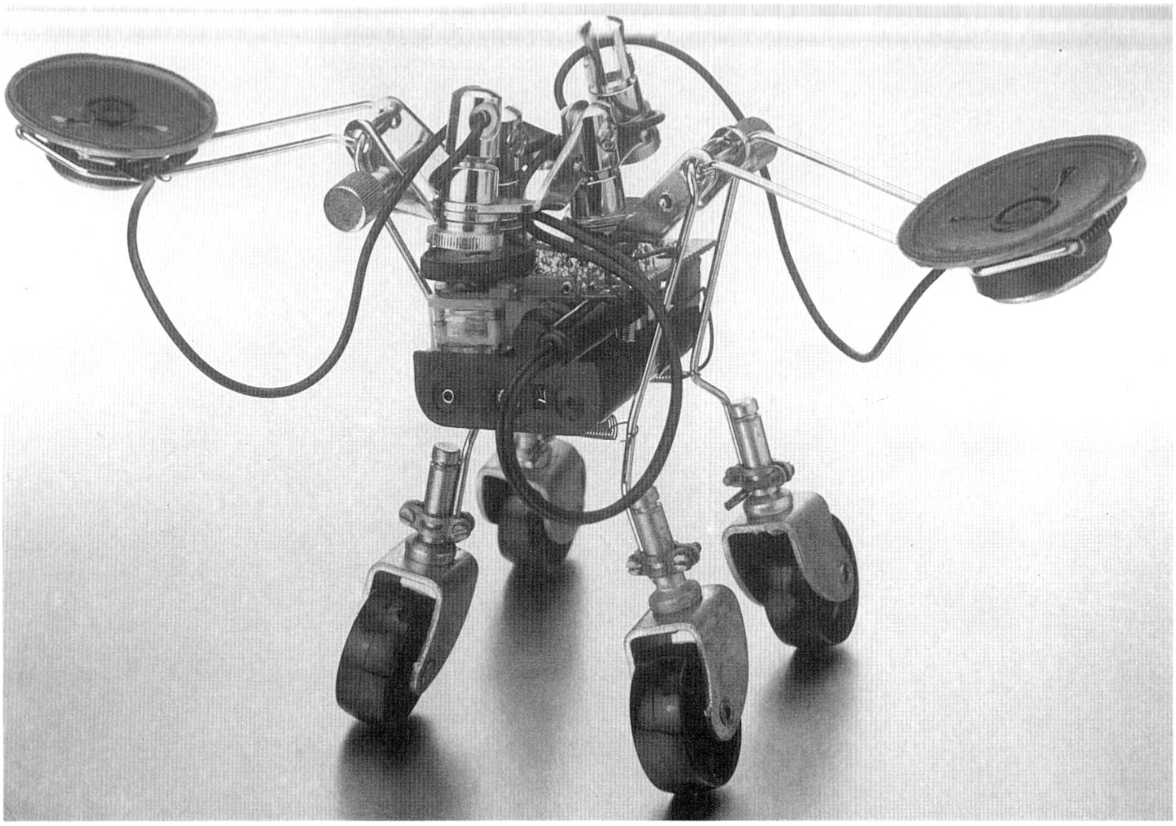

Marzio Rusconi Clerici und Laura Agnoletto sind beide um die 30. Sie stammen aus Mailand und arbeiteten mehrere Jahre lang in London zusammen, ehe sie nach Italien zurückkamen. Clerici ist von Hause aus Architekt. Laura Agnoletto hat Philosophie studiert. Ihr langer London-Aufenthalt hat ihre Vorstellung von Ästhetik und ihre Art, das häusliche Umfeld wahrzunehmen, beeinflußt. Ihre in der Regel von wiederaufbereiteten Elementen ausgehenden Werke sind manchmal aggressiv, oft aber auch voller Humor. Memphis hat ihre Lampen „Tiramolla 1“ und „Tiramolla 2“ produziert. Das Radio „Vollucela“ wurde 1986 für den japanischen Wettbewerb Seibu entworfen. Ihr Stuhl „Cactus“ mit seinem Gestell aus Metallröhren und seinem Sitz aus gespanntem Segeltuch, in dem der Benutzer über einem Arrangement aus stacheligen Kakteen sitzt, entstand für eine italienische Fernsehsendung, *Alla Ricerca dell'Arca* (Auf der Suche nach der Arche). Es ist sicherlich ihr berühmtestes Werk.

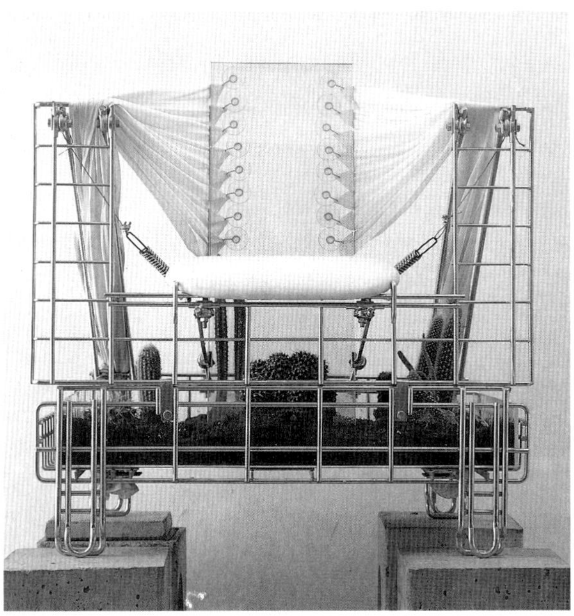

Cactus, 1987
Sessel aus Stoff und Metall.
Auftraggeber: RAI Tre

Tiramolla 1/ Tiramolla 2, 1988
Lampen aus Gummi und Stahl.
Hersteller: Memphis, Mailand

Oben:
Vollucela, 1986
Radio, ausgeführt für die Ausstellung „La Cosa Inventata“

ANNALISA COCCO

Annalisa Cocco wurde vor 30 Jahren auf Sardinien geboren. Sie studierte angewandte Kunst an einer Florentiner Fachhochschule und zog 1983 dann nach Mailand. „Ich begann mit Guglielmo Berchicci bei Medusa Design zu arbeiten. Das war eine wichtige Erfahrung, denn ich war daran gewöhnt, alleine zu arbeiten und hatte keinerlei Vorstellung von den Vorteilen, die Teamarbeit haben kann. Auch heute kommen wir noch gelegentlich zusammen, um gemeinsam ein Produkt zu realisieren, aber im allgemeinen arbeite ich heute alleine." Die meisten ihrer Werke sind Objekte für das Haus aus natürlichen Materialien wie Glas, Holz, Keramik und aus Metallen. „Zur Zeit übt das Glas eine starke Faszination auf mich aus", sagt sie. „Ich habe in Mailand einen Handwerker gefunden, der mich beim Herstellungsprozess dabei sein läßt. Es ist aufregend, fast magisch." Bis heute sind fast alle ihrer Arbeiten in sehr geringer Stückzahl hergestellt, manchmal handelt es sich sogar um Unikate für Ausstellungen. Trotzdem bemüht sie sich unablässig darum, Fabrikanten zu finden, die am neuen Design interessiert sind und imstande, ihr mehr Öffentlichkeit zu verschaffen.

Pesca e Vino (Fischfang und Wein), 1987
Tablett aus Kupfer, Glas und Holz.
Prototyp

ELIO DI FRANCO

Elio di Franco verfolgte bereits eine brillante Karriere als Architekt, als er sich auf das Design von Möbeln verlegte. Trotz seines relativ späten Starts hat dieser vor 35 Jahren in Bari geborene Architekt Objekte entworfen, die die Aufmerksamkeit der Fachleute auf sich zogen. Seine Möbel sind leicht, luftig und bequem. „Ich achte extrem auf die Materialien, die ich verwende", versichert er. „Nehmen Sie den Schaukelstuhl 'Donna B', der 1989 in Metall und Olivenholz ausgeführt wurde. Der Sitz besteht aus einem Geflecht, wie es unter Matrazen verwendet wird. Es ist fest und leicht elastisch." Di Franco macht vor allem Auftragsarbeiten. Selbst bei seinen Architektur-Projekten verwendet er design-spezifische Lösungen: So schuf er z.B. eine Wendeltreppe ohne Mittelsäule. Di Franco wohnt in Florenz, eine bewußte Wahl, die ihm nicht das Gefühl gibt, vom Designer-Milieu abgeschnitten zu sein. „Solche Distanzen zählen heute nicht mehr", sagt er. „Wenn ich problemlos die Ausstattung einer Hollywood-Villa übernehmen kann, warum sollte mir dann Mailand zu weit weg vorkommen?"

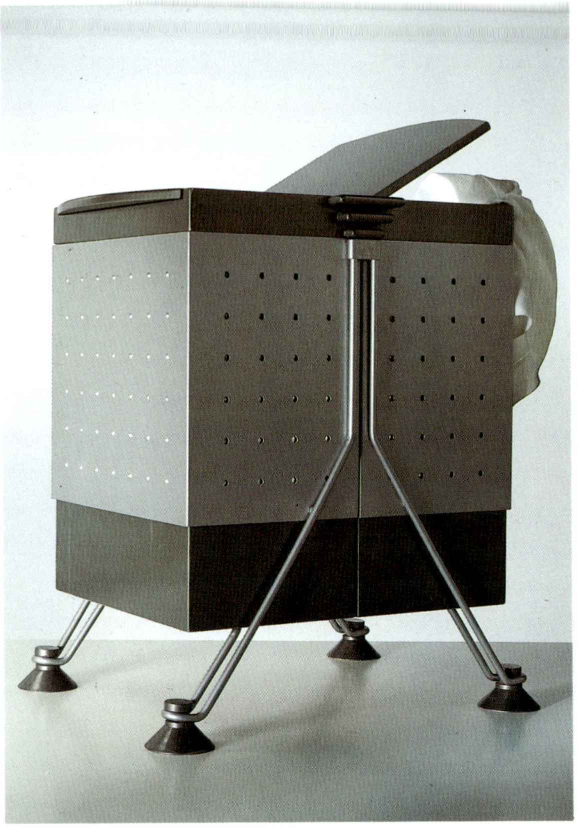

Oben links:
Biancamaria, 1987
Wäschekorb aus Metall
und Plastik.
Prototyp für Vanini

Bett, 1989
Nußbaum.
Hersteller: Falegnami

Oben rechts:
Bidolfi 112, 1987
Inneneinrichtung eines
Ladens.
Empoli

DANTE DONEGANI

Dante Donegani studierte Architektur bei Remo Buti in Florenz, ehe er zur Bolidisten-Bewegung stieß, arbeitete einige Jahre bei Ernesto Spicciolato und machte dann seinen Abschluß an der Domus Academy in Mailand. Er arbeitete mit Andrea Branzi zusammen, dann ein Jahr lang mit Massimo Morozzi. Heute arbeitet er im Team von Hans von Klier bei Olivetti. „Das Design ist sehr breit gefächert. Es reicht von der Gestaltung des Unternehme-Labels bis zur Ausstattung von Ausstellungen oder Salons", sagt er. Der 32jährige Donegani schafft es, in seinen allzu seltenen freien Minuten auch noch sein eigenes Büro zu führen. „Ich widme mich in der Hauptsache dem Möbeldesign. Da ich hier mehr Freiheit habe als bei Olivetti, kann ich machen, was mich interessiert. Die Architektur ist mir oft eine Quelle der Inspiration. Die Klarheit der Konstruktionen Mies van der Rohes oder Adolf Loos' ist für mich ganz wesentlich." In seiner Ablehnung des Ornamentes als Selbstzweck ist dann auch das Design Doneganis erkennbar geprägt von den Lehren des Wiener Architekten. Seine linearen Möbel bewegen sich hart an der Grenze zur reinen Kargheit. In dieser extremen Strenge liegt ihre Kraft.

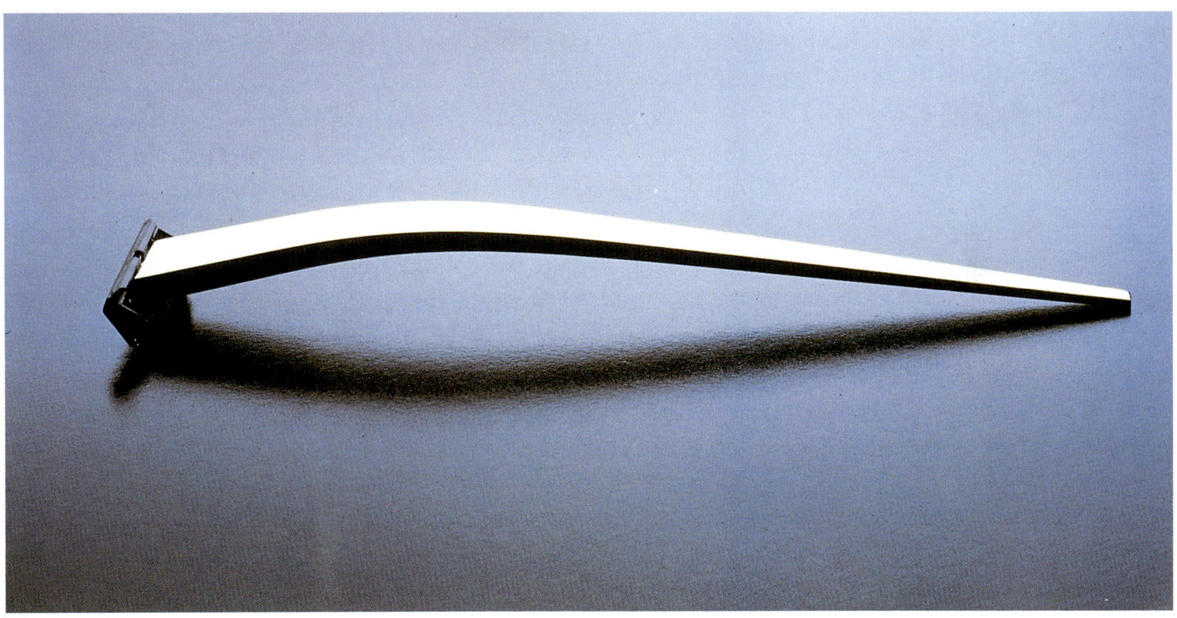

Oben links:
Einbau-Stühle, 1988
Aluminium.
Hersteller: Stildomus

Spazio (Raum), 1984
(In Zusammenarbeit mit E. Spicciolato).
Rasierer aus Aluminium.
Hersteller: Cavari

Oben rechts:
Stuhl, 1988
Holz.
Hersteller: Artas

STEFANO FABRIZI

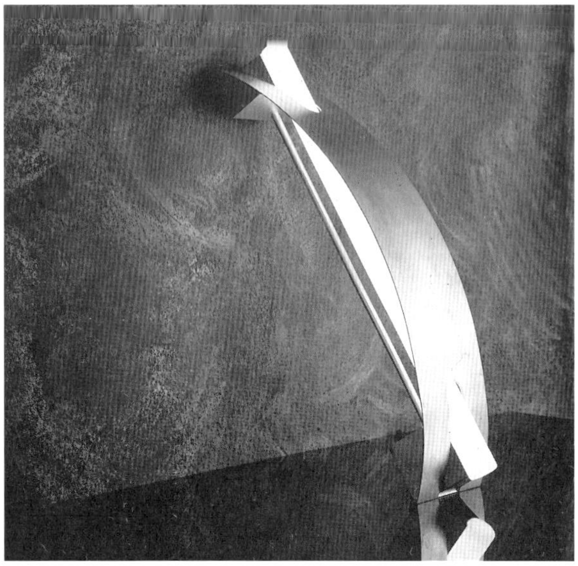

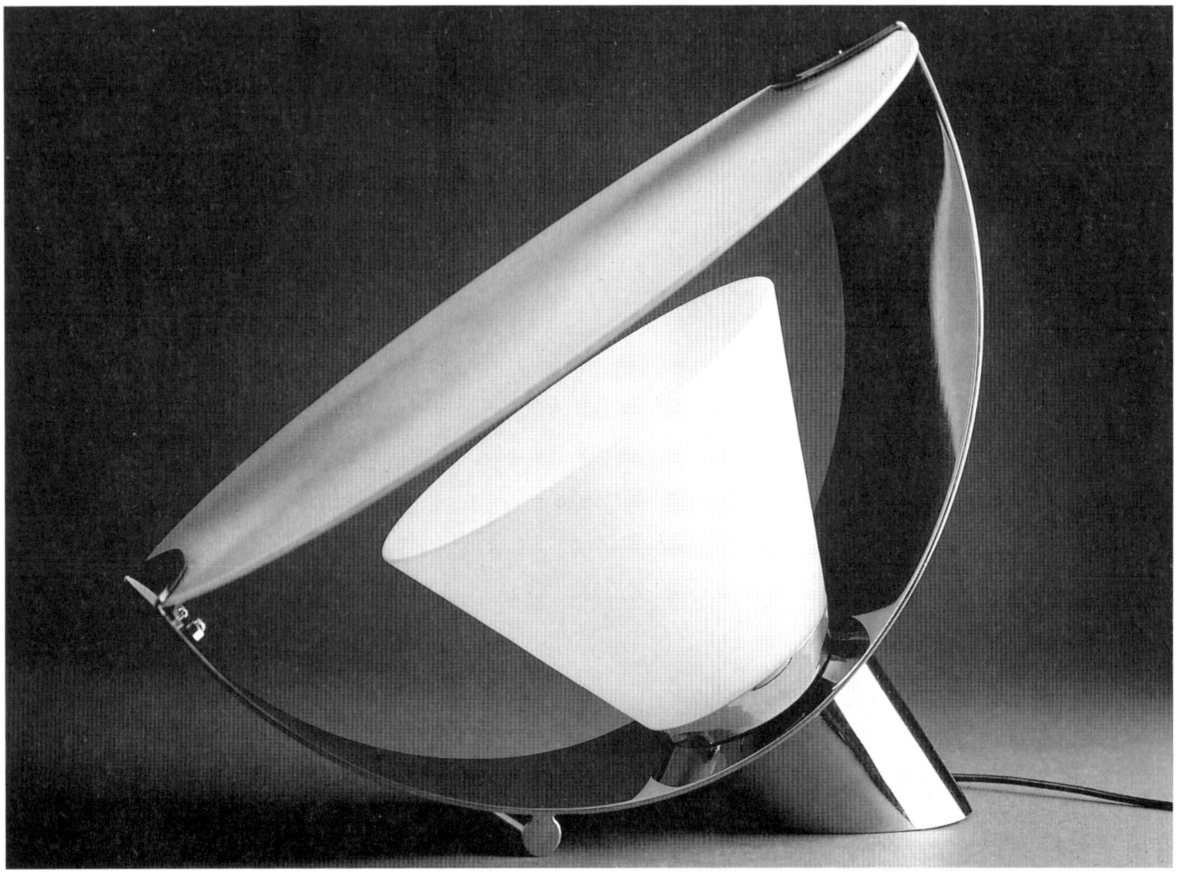

Stefano Fabrizi ist dem italienischen Design gegenüber leicht skeptisch eingestellt. Mit seinen 31 Jahren hat er gerade sein Architektur-Examen an der Technischen Universität Mailand abgelegt und sucht zur Zeit einen Fabrikanten, der seine Lampen-Prototypen produziert. „Unikate für Galerien zu entwerfen kann sicher kein Selbstzweck sein. Alle lombardischen Möbelhersteller halten nach Neuigkeiten Ausschau, aber ich bin davon überzeugt, daß die Innovation der kommenden Jahre aus einer Verbindung von Informatik und Design resultieren wird", sagt er. Seiner Ansicht nach kann der Designer funktionale Objekte nur rein zufällig zustande bringen. „Für mich schafft er vor allem äußere Zeichen von Reichtum; er lanciert Tendenzen, Moden und Stile. Das Schaffen von Objekten ist vor allem die Übertragung eines persönlichen Ausdrucks."

Oben links:
Highway (Autobahn), 1989
Couchtisch auf Rollen, aus Glas und Nylon. Prototyp

Alisso, 1985
Lampe aus Glas und Stahl.
Hersteller: Azucena

Oben rechts:
Stream Light (Lichtstrahl), 1989
Neonlampe aus Stahl.
Hersteller: Rare

BEPPE FACENTE

Der Diplom-Architekt Beppe Facente hat beruflich als Graphiker begonnen, der Plattenhüllen entwarf. Die dreidimensionalen Werke dieses 29jährigen Designers sind zugleich funktional und fremdartig. Seine im ganzen gesehen witzigen Formen scheinen im Raum zu schweben. „Gut", räumt er ein, „ich lebe auf diesem Planeten, aber ich liebe ihn nicht sehr. Also gefällt mir die Vorstellung, daß meine Schöpfungen irgendwo in einer anderen Welt existieren und jeden Moment bereit sind, zu uns auf die Erde zu kommen." Facente lebt seit vielen Jahren in Mailand, ist aber gebürtiger Neapolitaner. „Ich bin durch und durch ein mediterraner Mensch. Neapel und das Mittelmeer haben meine Träume gestaltet, meine Lieblingsfarben bestimmt, mir das Bedürfnis nach Luft und die Liebe zum Meer vermacht." Es ist darum nicht erstaunlich, daß mehrere Werke Facentes, darunter die bemerkenswertesten, aufblasbare Objekte sind. So das Telefon aus PVC, das gedacht ist für Teenager, die ihre Zeit damit verbringen, mit Freunden zu telefonieren, die gleich um die Ecke wohnen!

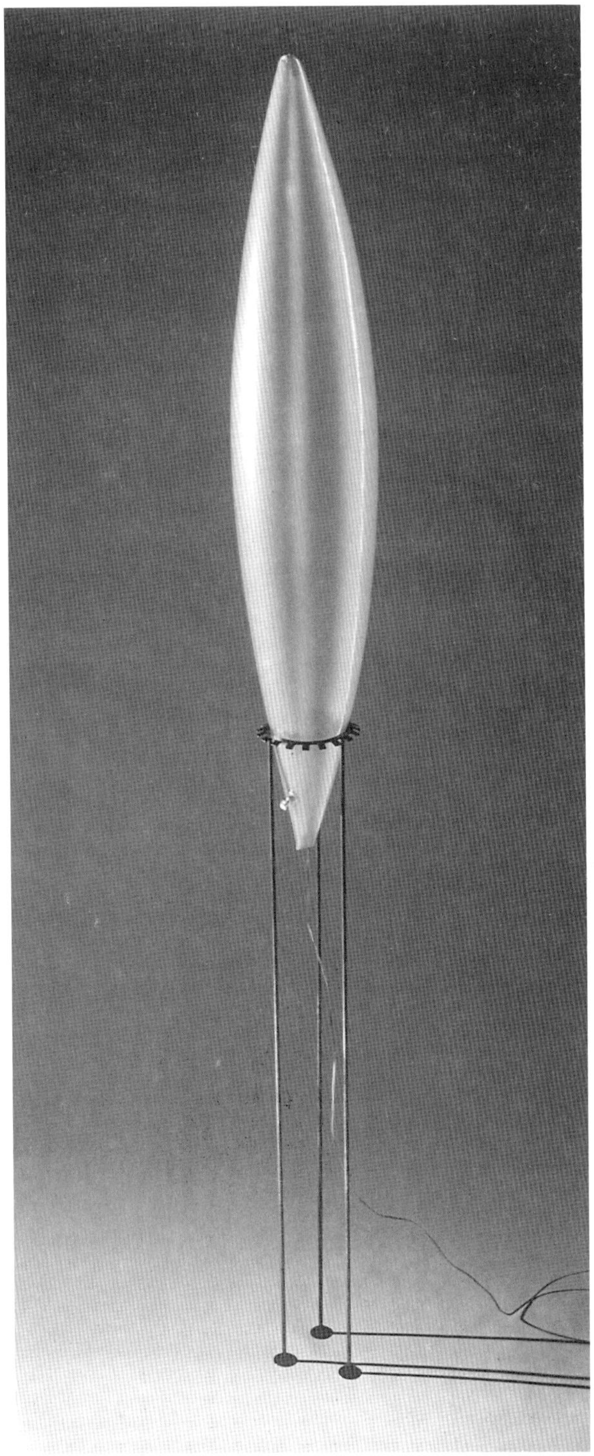

Nut (Nuß), 1988
Aufblasbare Lampe.
Prototyp

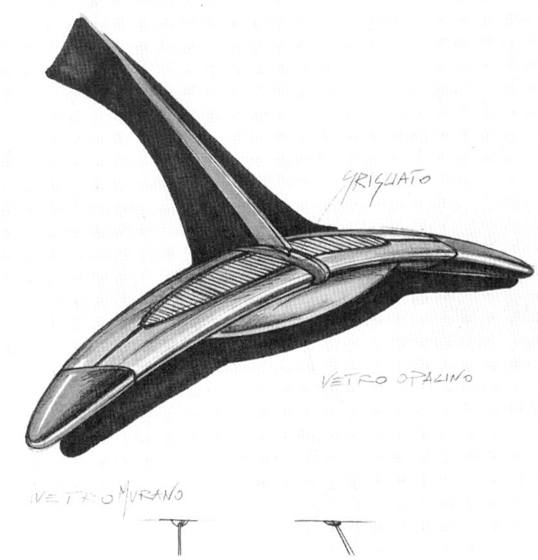

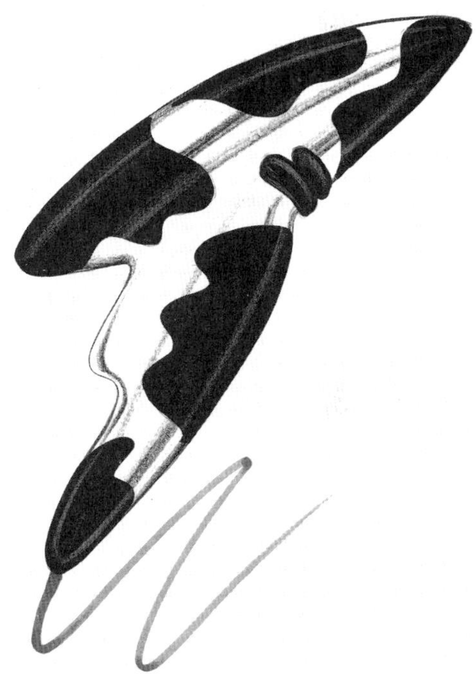

Aufblasbares Telefon, 1989
Entwurfszeichnung.
Entwurf für Brondi

Oben rechts:
Landing (Landung), 1989
Entwurfszeichnung für eine Lampe aus Glas und Metall.
Prototyp

MASSIMO GIACON

Massimo Giacon ist einer der vielen jungen Graphik-Designer und Illustratoren, die das Glück hatten, von Ettore Sottsass entdeckt zu werden. Giacon begann mit 18 Jahren Comic Strips zu zeichnen und studierte dann Werbegraphik. Heute interessiert er sich für andere Ausdrucksformen, für Fresken, Wandmalerei und Innenarchitektur, Projekte, die er als Auftragsarbeiten ausführt. Seine Inspiration holt er sich aus der Welt der Kindheit und nicht unbedingt aus ihren schönsten Winkeln. Vor einigen Jahren konnte er sich gelegentlich bei der Arbeit für Comic-Strip-Hefte wie *Frigidaire* mit den Alpträumen der Kinderzeit vertraut machen. „Die Geschichten, die ich heute schreibe, sind insgesamt nicht mehr so gewalttätig wie die aus meiner Zeit bei *Frigidaire*, aber die psychoanalytischen Deutungen von Träumen und Handlungen interessieren mich nach wie vor sehr", sagt er. Was den mehr kommerziellen Teil seiner Arbeit betrifft, so hat Massimo Giacon einen Katalog-Umschlag entworfen und ein Einwickelpapier für Alessi, Computer-Graphik für Olivetti, Stoffe für Memphis, Teppiche für die Design Gallery und Modezeichnungen für das Fernsehen. Er war künstlerischer Direktor der Videoclips von Rose Rosse.

Twergi, 1989
Katalogumschlag für Alessi.
(In Zusammenarbeit mit Sottsass Associati)

Drei Gemälde, 1990
Öl auf Leinwand.
Ausgestellt bei Romeo Gigli, Mailand

GIORGIO GALLI

Der 28jährige Graphik-Designer Giorgio Galli stammt aus Varese. Nach dem Abschluß am Kunstinstitut von Florenz ging er an die Westküste der USA, um sich mit dem graphischen Computer- und Film-Design vertraut zu machen. Sehr bald trugen ihm seine hyperrealistischen Illustrationen, sein italienischer Charme und seine Beharrlichkeit einen Job als freier Mitarbeiter bei der Zeitschrift *San Francisco* und bei Lucasfilms ein, deren Werbe-Spot er entwarf. 1983-84 gründete er zusammen mit Brian Job die Firma Networked Picture Systems Inc., um Werbe- und Graphikprogramme entwickeln zu können. Nach zwei Jahren in Kalifornien hatte er allmählich genug von dem Land, und da er keine Arbeitserlaubnis bekam, kehrte er zurück nach Mailand. Für ein Jahr gehörte er zum Stab von Matteo Thun, war aber weiterhin als freier Mitarbeiter für eine eindrucksvolle Zahl von Klienten tätig: Driade, Alessi, Vitra, Campari, Bic und Swatch. Ende 1989 ernannte Swatch ihn zum Leiter der Entwicklungsabteilung. „Ich bin sehr pragmatisch. Ich erhebe keinen Anspruch auf einen eigenen Stil, auch wenn mein Werk insgesamt sehr puristisch ist."

Skywalker Turbine, 1990
Uhr aus Plastik.
Hersteller: Swatch

Rasierschaum Bic, 1989
Verpackung.
Hersteller: Bic

Oben:
Logo TV, 1987
Auftraggeber: Episode Inc., San Francisco

GIOVANNI TOMMASO GARATTONI

Born in the Flames (Aus Feuer geboren), 1987
Sessel.
Hersteller: The Decline of Western Civilisation

Der 29jährige Giovanni Tommaso Garattoni braucht zum Arbeiten eine ganz bestimmte Umgebung: Ein dunkles Zimmer, einen hellen Tisch und einen Musik-Hintergrund, dessen Spektrum von Mendelssohn bis Tom Waits reicht. Er macht Graphik-Design und Werbung, und er war bei der Innenausstattung vieler Diskotheken in seiner Geburtsstadt Rimini beteiligt. Er hat seine eigene Marke geschaffen, The Decline of Western Civilisation (Der Untergang der westlichen Zivilisation), für die er Unikate in einer Art barockem Jugendstil entwirft. Er war eines der Gründungsmitglieder der Bolidisten-Bewegung, nachdem er zusammen mit Maurizio Castelvetro eine Agentur mit dem Namen Complotto Grafico (Graphisches Komplott) gegründet hatte. In Rimini findet er die besten Voraussetzungen für ein konzentriertes Arbeiten, denn in Mailand hätte er Angst vor einem Identitätsverlust. Er träumt davon, in völliger Einsamkeit auf einem Hügel zu arbeiten, nicht wegfahren zu müssen und seine Entwürfe mit der Post zu verschicken. Seine Leidenschaft für die Musik, speziell für die der sechziger Jahre, führte ganz natürlich dazu, daß er seine Möbel nach Song-Titeln benennt. Seine Poster schmücken die Diskotheken. Seine Fans, aufgeweckte Jugendliche, betrachten sie aufmerksam, weil sie in ihren Augen die Avantgarde repräsentieren.

ANNA GILI

Anna Gili, die einen Abschluß des Institute of Industrial Arts in Florenz besitzt, wurde in Orvieto geboren. Mit ihren 29 Jahren hat sie bereits fundierte Erfahrung in der Verwendung der verschiedenen Techniken, die im Bereich der Dekoration eingesetzt werden: Stoff, Keramik, Intarsien. „Der funktionale Aspekt des Objektes bedeutet mir wenig im Verhältnis zu seinem Potential an Bedeutung und Symbolik. Ich verwende gerne unterschiedliche Materialien, und die Technik interessiert mich nur als Träger des Ausdrucks." Die meisten Arbeiten Gilis sind Unikate oder für eine begrenzte Auflage bestimmt. Einige von ihnen wurden ausgestellt, bei Affinita elettive in Mailand (1985), in der Kaess-Weiss-Galerie in Stuttgart und im Museo Alchimia in Mailand. Sie hat schon Keramiken für Tendentse hergestellt, Plastik-Objekte für Vanini und Schmuck für Cleto Munari.

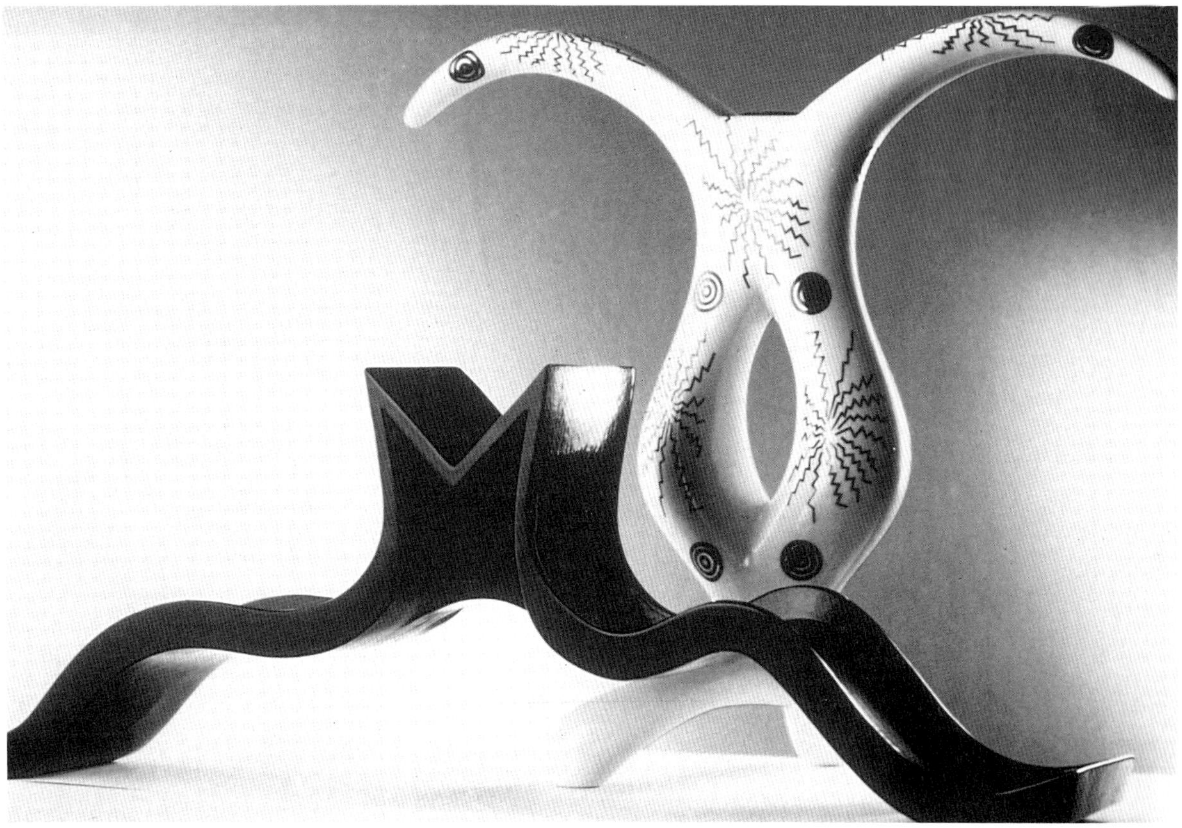

Tisch, 1987
Metall und Glas.
Hersteller: Metals

Oben:
NTO e CRO, 1986
Vase und Tischaufsatz aus Keramik.
Hersteller: Tendentse-Alessi

Amorosa (Verliebt), 1988
Sessel mit Seidenbezug.
Hersteller: Arte B2

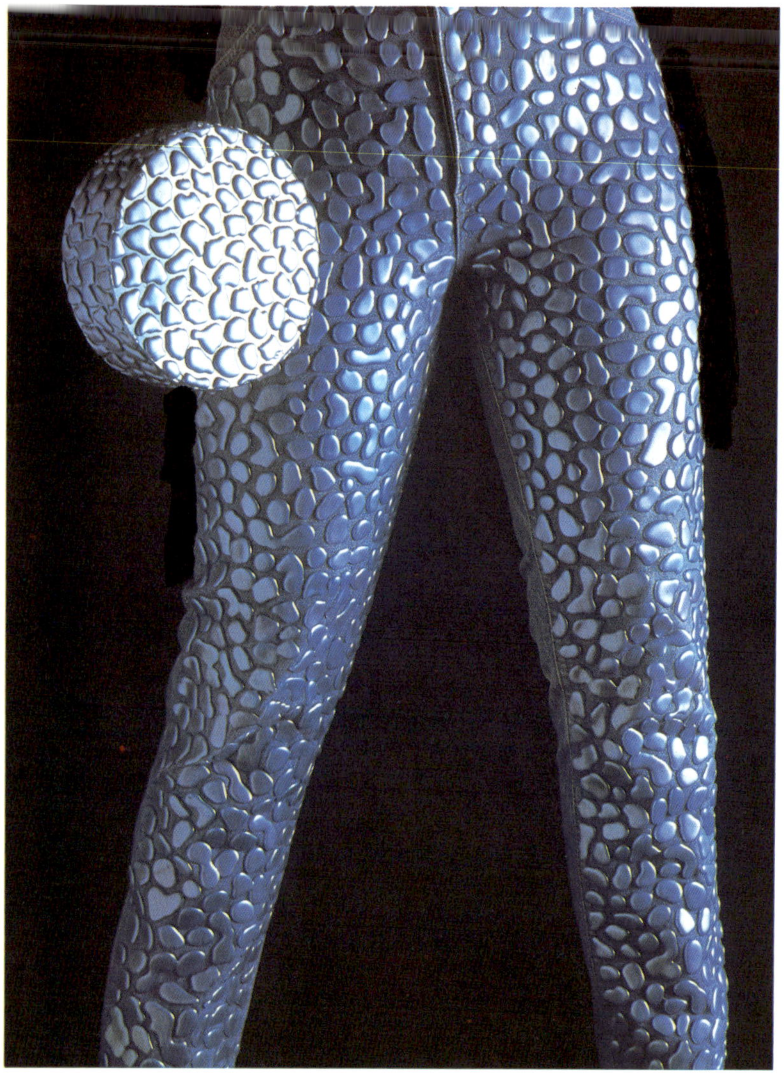

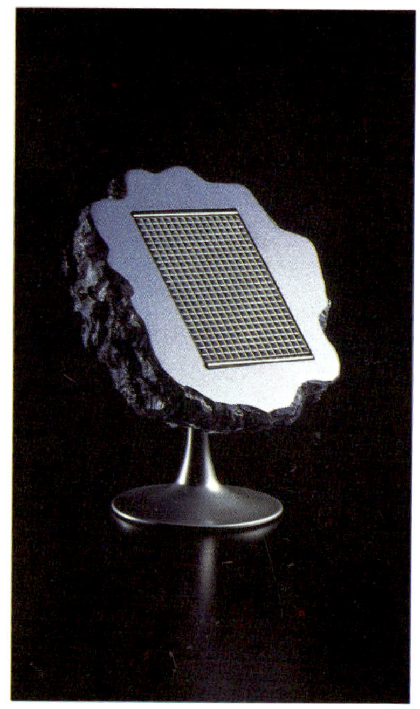

STEFANO GIOVANNONI
GUIDO VENTURINI

King Kong war das Ergebnis des Zusammentreffens von Stefano Giovannoni und Guido Venturini, als sie noch Architektur-Studenten in Florenz waren. Die Namen ihrer Kreationen und die Wahl der Materialien zeugen von einer ganz eigenen Ästhetik. Design, wie King Kong es versteht, will zündende Botschaften vermitteln, die abgeleitet sind von Science Fiction, Comic Strip und Robotern und von Zeichnungen von prähistorischen Tieren. „Ich bin völlig einer Meinung mit Yohji Yamamoto, der erklärt, daß das Material seine Entwürfe bestimmt, und nicht irgendeine vorgefaßte Vorstellung, und daß, wenn das Publikum ein ästhetisches Vergnügen angesichts seiner Werke empfindet, er in nichts dafür verantwortlich ist", sagt Venturini. Als Gründungsmitglieder der Bolidisten-Bewegung waren Giovannoni und Venturini auf den Titelseiten der internationalen Presse. Die Begleiterscheinungen des Erfolges, Sicherheit und Befriedigung, haben ihre ursprüngliche Extravaganz nicht beeinträchtigt. Zu ihren Klienten gehören unter anderem Alessi und die großen Schmuck-Fabrikanten Uno-A-Erre. Ihr bis dato bedeutendstes Architektur-Projekt ist ein Urbanisierungsplan für das Zentrum von Castel di Sandro, einer kleinen Verwaltungs-Gemeinde in den Abruzzen.

Iguane, 1987
Neues Design aus Plastikmaterial für Levis Jeans 501, mit Handtasche.
Entworfen für Milanovendemoda

Rocking Chair, 1987
Stuhl aus Glasfaser, Aluminium und Gummi.
Hersteller: King Kong

Oben:
Gordon's Skates, 1985
Rollschuhe aus Polyurethan.
Ausstellung „Design Balneare"

Maddalena, 1989
Interieur.
Auftraggeber: Cavicchi Brothers, Prato

Oben:
Rocky XV, 1985
Tisch aus Aluminium und Kristall.
Prototyp

Folgende Seiten:
Der Knopfladen, 1989
Inneneinrichtung eines Knopfladens.
Auftraggeber: Centro Affari, Arezzo

Maddalena, 1989
Entrée und Bar einer Diskothek.
Auftraggeber: Cavicchi Brothers, Prato

Oben:
Girotondo (Die Runde), 1989
Tablett aus rostfreiem Stahl.
Hersteller: Alessi

GIOVANNI LAUDA

Die Urteile, die Giovanni Lauda über seine Arbeit fällt, sind manchmal sehr kritisch. „Heute glauben viele junge Designer um jeden Preis anders sein zu müssen. Vielleicht bin ich nicht mehr jung genug...ich bin 33..., aber ich glaube, entscheidend ist, daß man verkäufliche Objekte entwirft." Lauda ist in Neapel geboren, wo er auch studiert hat. Er hat einen Abschluß von der Domus Academy in Mailand. Seine Arbeiten besitzen bei aller Anpassung an die industriellen und funktionalen Erfordernisse die charakteristische Feinheit des Südens. „Ich glaube, meine neapolitanischen Wurzeln sind in den Formen zu erkennen, die ich besonders liebe: den Schwung einer Welle, das Meer, die Fische. Ich liebe es, mich mit besänftigenden Dingen zu umgeben", erklärt er. Seine Lehrer sind Andrea Branzi, Daniel Libeskind und Massimo Morozzi. „Hydra" (1988), ein linearer Stuhl von schmeichelnder Form, den Mosca/Sedia & Company produziert haben, war sein erstes verkauftes Werk. „Trotz seiner blauen Beine und seiner ovalen Rückenlehne aus Holz ist es ein klassischer Stuhl, der nicht revolutionär sein will. Ich versuche nicht künstlerisch zu sein."

Hydra Chair, 1988
Stuhl aus Holz und verchromtem Metall.
Hersteller: Mosca/Sedia & Co

Oben:
Baia (Bucht), 1987
Essig- und Öl-Menagère aus Terrakotta, Holz und Metall.
Prototyp

ROBERTO LAZZARONI

Angefangen hat Roberto Lazzaroni als Künstler. Erst später begann er sich für Design zu interessieren, in Zusammenarbeit mit Gufram, deren Aufnahmefähigkeit für die verschiedensten kulturellen Strömungen seitdem Bestandteil der Design-Geschichte ist. „Ich habe mich dann für mehrere Jahre von der Szene zurückgezogen", sagt Lazzaroni, der heute 38 Jahre alt ist. Erst vor 7 oder 8 Jahren tauchte er wieder in der Welt des Designs auf. Heute ist er künstlerischer Direktor der Firma Ceccotti, den Gipfel seiner Karriere als Designer erreichte er 1987. Das heißt, Lazzaroni läßt sich nicht gerne als Designer einordnen. „Ich liebe es, die Dinge entsprechend meinem seelischen Befinden zu erfassen", sagt er. Der gebürtiger Pisaner studierte Kunst und Architektur in Florenz, wo er zu bleiben beschloß, und seinen Berufsweg einschlug. „Ich fühle mich sehr der lokalen Handwerkstradition verbunden. Mein Onkel war Kunsttischler, und meine Holzmöbel sprechen von dieser Fertigkeit." Die Sitzmöbel Lazzaronis sind elegant, lyrisch und unbeschreibbar. Seine Art, den Raum zu gliedern, hat Ähnlichkeit mit spanischer, skandinavischer und japanischer Innenarchitektur. Er fühlt, so sagt er, eine Affinität zum Stil der fünfziger Jahre.

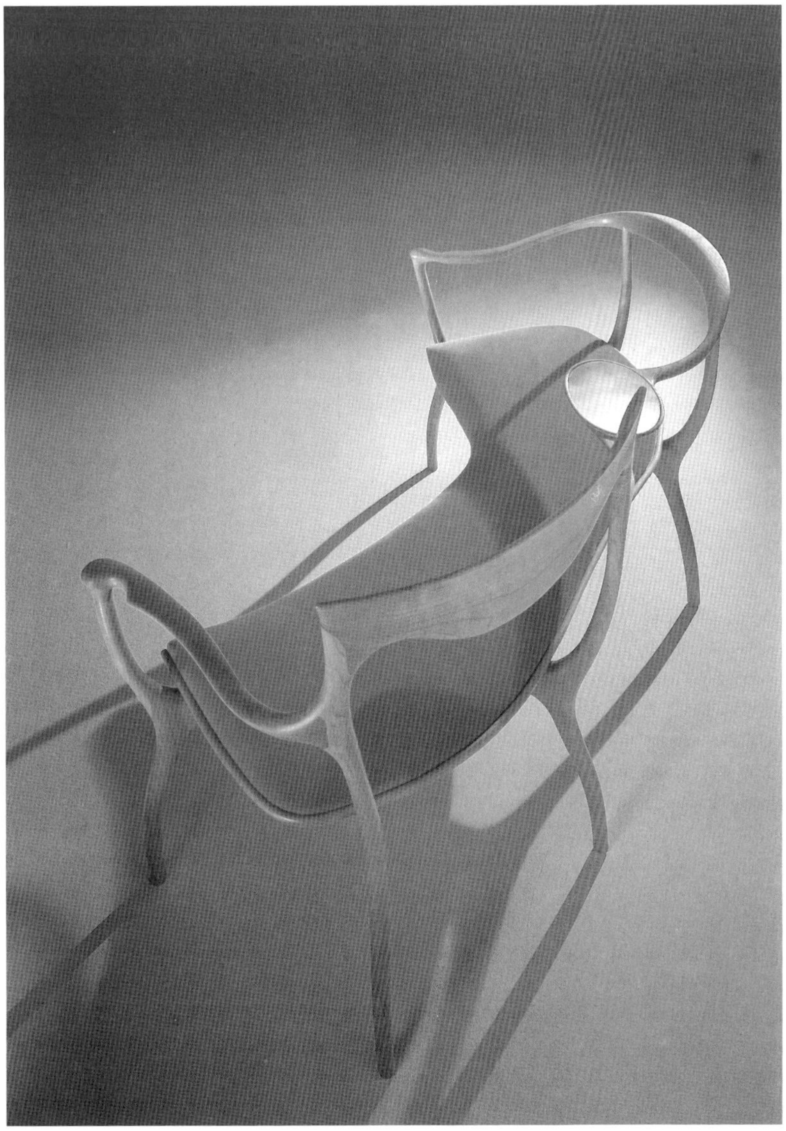

Doppeltraum vom Frühling, 1989
Sofa aus Holz und Polyurethan.
Hersteller: Ceccotti

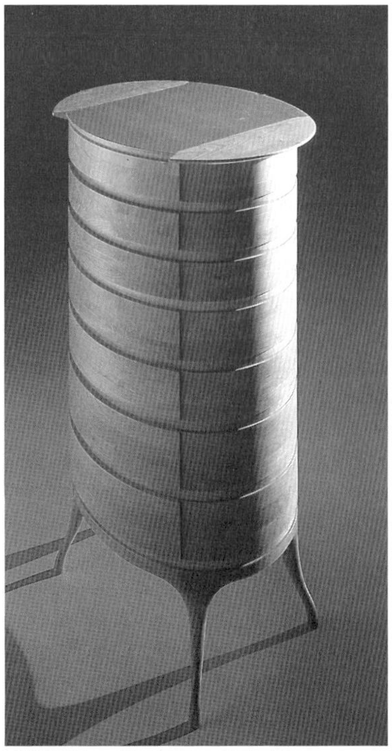

Perro, 1988
Tisch aus Kirschbaum.
Hersteller: Ceccotti

Oben:
Bandeja, 1988
Kommode aus Kirschbaum.
Hersteller: Ceccotti

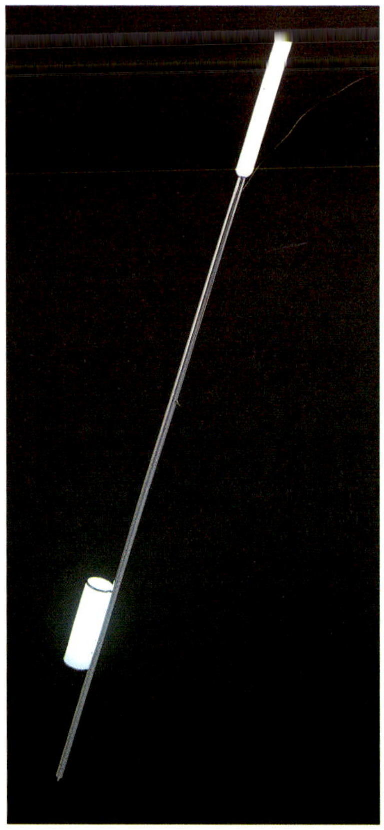

GIOVANNI LEVANTI

Der 33jährige Giovanni Levanti ist in Palermo geboren. Versehen mit seinem Architekten-Diplom ging er nach Mailand, um einen Abschluß an der Domus Academy zu erwerben. Später hatte er Gelegenheit, seine Arbeiten Barbara Radice zu zeigen, die sie für die Ausstellung „12 nuovi" im Jahre 1986 auswählte. „Die Extreme ziehen mich an. Ich liebe es, die verschiedenen Kunstströmungen auszuprobieren, von Branzi über Sottsass und Bellini bis Mari. Ihre Dissonanzen stimulieren mich. Ich glaube, daß meine besten Arbeiten diejenigen sind, die zugleich abstrakt und konkret sind. Darum gefällt mir die Stehlampe Asta, die ich 1988 für Memphis entwarf, so gut." Levanti liebt den Umgang mit unterschiedlichen Materialien. Im Moment arbeitet er halbtags bei Branzi. Er schätzt die Virtuosität der radikalen Designer außerordentlich, ist aber davon überzeugt, daß, soviel Lösungen und Werke es auch gibt, doch nichts der Tradition der Ulmer Schule den Rang ablaufen kann.

Hobbit, 1988
Bettcouch aus Stahl, mit Baumwollbezug.
Hersteller: Memphis, Mailand

Oben:
Nastassja, 1987
Stuhl aus Metall und Leder.
Hersteller: Memphis, Mailand

Asta (Stange), 1988
Stehlampe aus Metall.
Hersteller: Memphis, Mailand

MARCO MENCACCI

Marco Mencacci wurde in Paris geboren. Als er ein Jahr alt war, nahmen seine Eltern ihn mit nach Italien. Nach der Oberschule beschloß er wieder nach Paris zurückzugehen. „Es war der Gipfel der Originalität für einen Designer: Ich wollte nach Frankreich zurück, um die Sprache zu lernen! Nach einiger Zeit schrieb ich mich an der architektonischen Fakultät ein. Das war eigentlich seltsam, wenn ich heute darüber nachdenke, denn ich wollte nicht unbedingt Architekt werden. Ich war so wenig motiviert, daß ich oft andere Vorlesungen besuchte. Ich habe sogar zwei Kurzfilme gemacht." Nach seinem Diplom ging Mencacci wieder nach Italien zurück und zog in die Nähe von Pisa. Er begann, Wandmalereien zu machen und alte Stühle und Tische umzuarbeiten. „Stühle müssen Persönlichkeit haben und trotzdem schlicht sein, und ich finde auch, daß sie bequem sein müssen." Man kann nicht behaupten, daß sein von Sawaya & Moroni produzierter Stuhl „Tatlim" mit seiner Rückenlehne, die an ein Torten-Zierdeckchen erinnert, genau diesem Komfort-Kriterium genügt. „Aber man kann", sagt er, „problemlos eine Stunde lang auf ihm sitzen, ja eine ganze Mahlzeit hindurch!!"

Tatlim, 1988
Stuhl aus Ahorn.
Hersteller: Sawaya & Moroni

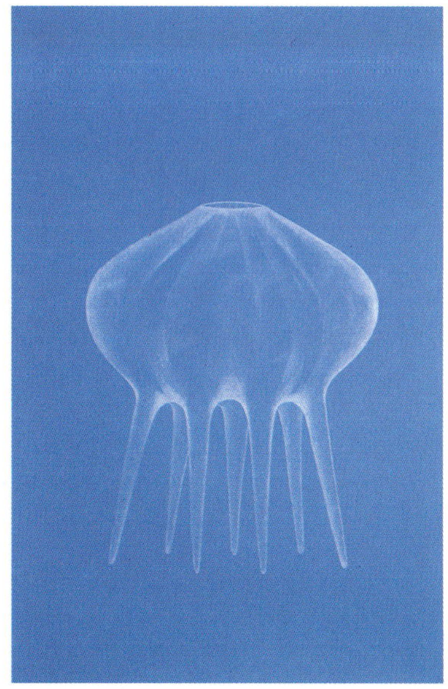

Angelo (Engel), 1989
Leuchter aus Eisen, Plastik und Isolierband.
Prototyp

Oben:
Abisso (Abgrund), 1990
Entwurf für eine Glasvase.

ANGELO MICHELI

Angelo Micheli braucht eine Atmosphäre des Vertrauens, um frei über seine Arbeit sprechen zu können. Man gewinnt den Eindruck, daß dieser 30jährige Designer so daran gewöhnt ist, im Schatten eines anderen zu leben, daß er sich nur schwer vorstellen kann, daß man ihn ins Rampenlicht rücken möchte. Er begann 1984 mit Michele De Lucchi zu arbeiten und schloß sich 1986 der von jenem lancierten Bewegung Solid an. Seine ersten Schöpfungen sind charakterisiert durch kompakte Volumen. Die Anregung dazu erhielt er, als er in der Nähe des Mailänder Flughafens seinen Militärdienst absolvierte. „Die gerundeten Formen der Flugzeuge faszinierten mich, also begann ich auf Wände zu zeichnen und da mir gefiel, was ich machte, übertrug ich die Zeichnungen auf Papier", sagt er. Im Studio De Lucchis befaßt Micheli sich mit Design und Graphik. Seine besondere Aufmerksamkeit gilt dem Licht, seinen verschiedenen Quellen und seiner Ausbreitung. Wenn er architektonische Projekte entwirft, ist dieses Interesse noch gesteigert. „Man kann", sagt er, „Häuser mit durch wechselndes Licht bewirkten Schattenspielen beleben."

Mantegna, 1986
Tisch aus Holz.
Hersteller: Malobbia International

Essig- und Öl-Menagère, 1987
Silber.
Hersteller: Solid

Oben:
Bricco, 1987
Glaskaraffe.
Hersteller: Solid

IVANO BOSCARDINI
VINCENZO DI DATO

Nautilus, eine Design-Consulting-Firma, wurde 1985 gegründet. Ivano Boscardini ist verantwortlich für visuelles Design, Vincenzo Di Dato für Industriedesign. Wenn nötig, bedienen sie sich externer Mitarbeit. Sie sind beide ungewöhnlich kompetente Designer. Sie kommunizieren mit ihrer potentiellen Kundschaft in der Sprache ausgefeilter Werbekampagnen. Für Kunden, die es wünschen, entwirft Nautilus ein persönliches Markenimage. Obwohl die Firma jung ist, hat sie doch schon großen Erfolg im Produkt-Design erzielt. Ihre Kletterschuhe AFS 101 erhielten 1986 den Oscar de l'Equipe und 1987 den Goldenen Kompaß. Die Firma ist auch an Promotion-Objekten wie „Scravatte", einer nach Gebrauch wegzuwerfenden Kravatte, interessiert und betreibt Produkt- und Materialforschung, sowie Bild- und Graphikdesignforschung.

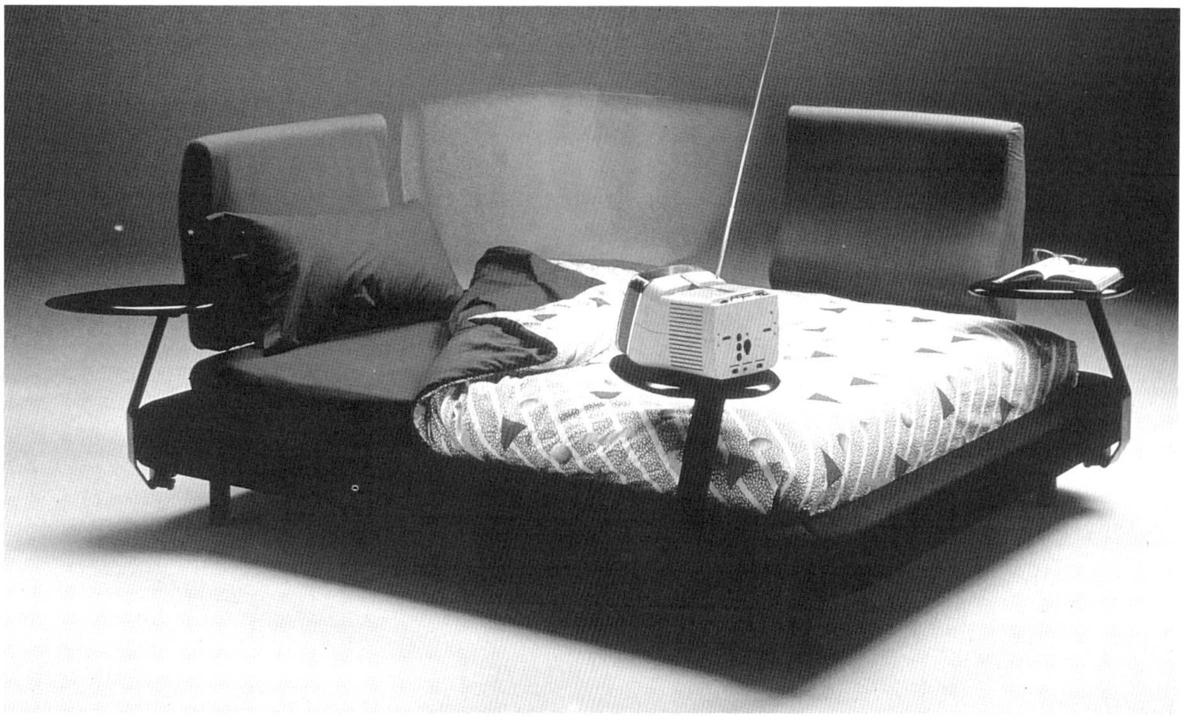

Opera, 1987
Kletterschuh aus Gummi.
Hersteller: Asolo

Oben:
Taos, 1988
Bett aus Holz, mit
Schaum gefüttert.
Hersteller: Axil

GIORGO RAGAZZINI

Der elegante und langgliedrige Giorgio Ragazzini paßt genau zu den Kleidungsstücken von Romeo Gigli, die er anbetet, und zu den Möbeln, die er entwirft. Ragazzini wurde vor 29 Jahren in Imola geboren und studierte am Institut für Industrie-Kunst in Faenza, wo er heute Design-Vorlesungen hält. Zu seinen Schöpfungen gehören der 1988 entstandene Stuhl mit den sensuellen Formen „Aïda" aus Kirschbaum- und Nußbaumholz, „Sette", ein 1989 produziertes Bett im Stil der fünziger Jahre, eine Couch und ein Sessel für Metron, ein Stuhl für Sede & Company, Metalltische für Metals und Armaturen für Badezimmer. „Das ist nicht alles", sagt Ragazzini. „Ich entwerfe auch das Keramik-Design für Marazzi und Piemme, Stereokopfhörer für Ross Electronics und Teppiche für Louis De Poortere." Ragazzini schloß gerade sein Studium an der Domus Academy ab, als Massimo Morozzi, ein Mitglied der Firma „Archizoom", auf seinen Entwurf für den Stuhl „Aïda" aufmerksam wurde. Er war so beeindruckt, daß er beschloß, den jungen Designer mit einem passenden Hersteller zusammenzubringen. „In diesem Moment hatte meine Karriere wirklich begonnen", sagt er.

Sire, 1989
Kommode aus Holz,
Messing und Marmor.
Hersteller: Mazzei

Oben:
Sette (Sieben), 1989
Bett aus Holz mit Polster-Kopfteil.
Hersteller: Mazzei

Aïda, 1988
Stuhl aus Kirschbaum
und Nußbaum.
Hersteller: Mazzei

PROSPERO RASULO

Der 36jährige Prospero Rasulo hat Skulptur an der Kunstakademie Brera in Mailand studiert. Er lebt seit 1972 in der lombardischen Hauptstadt. Etwas später forderte Alessandro Mendini ihn zur Mitarbeit bei Alchimia auf. „Das war eine der wichtigsten Erfahrungen überhaupt für mich, denn sie ermöglichte mir die Anwendung meiner Kenntnisse auf einem neuen Gebiet, in anderen Worten, sie ermöglichte mir die Befreiung von den Zwängen der Bildenden Kunst." Rasulo hat Objekte für Alchimia entworfen und hergestellt. „Ich liebte den körperlichen Kontakt mit der Materie, und meine Ausbildung als Bildhauer hat mir sicher bei der Gestaltung der Objekte geholfen." 1988 gründete Rasulo zusammen mit Gianni Veneziano Oxido. Diese Agentur, die auch eine Galerie ist, befaßt sich mit Rasulos Lieblingsthemen, die ihm auch Anregung für sein Design sind: „Spirale, Kreis, die Symbole für Licht und Dunkelheit, Wasser und Feuer - Reminiszenzen an das Mittelmeer, wo meine Wiege stand", erklärt er. Rasulo besitzt viel Kenntnis von Metallen und er verwendet sie alle gerne, immer nach den Wünschen der Kunden natürlich.

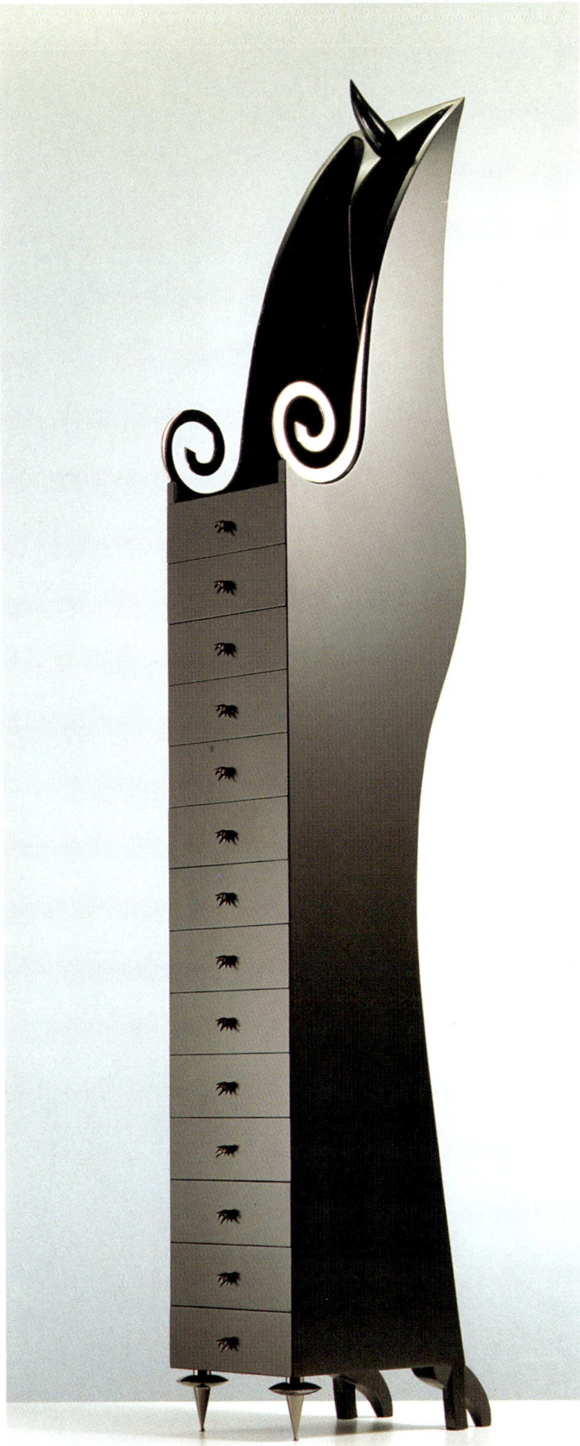

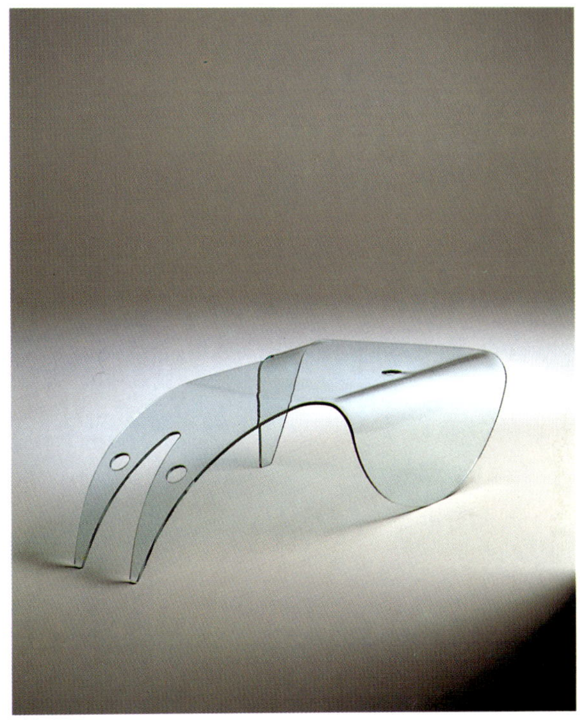

Dolcemare (Stilles Meer), 1988
Kommode aus Holz und Messing.
Hersteller: Masterly

Folgende Seiten:
Notti lucenti, (Strahlende Nächte), 1989
Bank aus Holz, Blattgold und Leder.
Hersteller: Masterly

Servo (Diener), 1989
Tisch aus geschwungenem Kristall.
Hersteller: Fiam

Oben:
Per Sensi (Für die Sinne), 1989
Teppich aus Wolle.
Hersteller: Sisal Collection

MICHELE BARRO SAVONUZZI

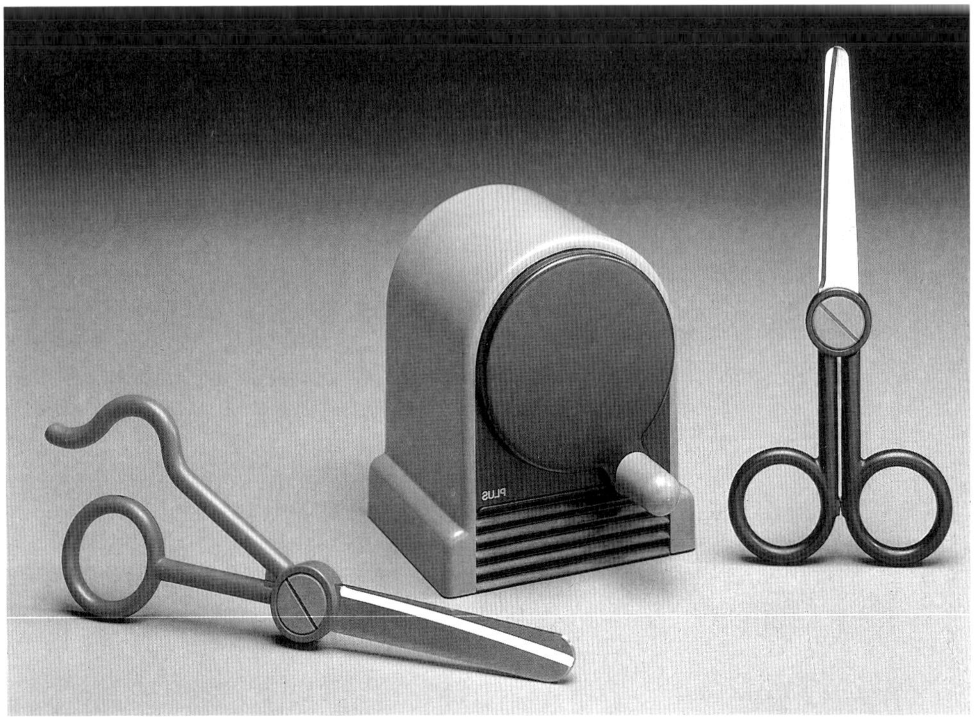

Datong, 1987
Tisch aus Holz und Metallgitter.
Hersteller: Cappellini International Interiors

Oben:
Pierrot, Motive, Witty Party, 1985
Scheren und Bleistiftspitzer.
Hersteller: Plus Corp

Michele Barro Savonuzzi wurde in Ferrara geboren. Er hat Industrie-Design in Mailand studiert und von 1981 bis 1984 mit Sottsass Associati zusammengearbeitet. Sicher erhielt er durch diese Erfahrung die Sicherheit, die er brauchte, um die nächsten Stufen seiner Karriereleiter zu erklimmen. So hat er zwei Jahre in Japan verbracht, in denen er mit dem Kuramata Design Office zusammenarbeitete und mit Plus, einer auf Büro-Möbel spezialisierten Gesellschaft. Nach seiner Rückkehr nach Mailand 1986 fühlte er sich reif genug, um sein eigenes Design-Studio zu gründen. „Ich habe viele Möbel entworfen", sagt er. „In der Zukunft würde ich mich gerne von diesem für meine Begriffe noch zu sehr dem Handwerk verhafteten Produktionszweig abwenden und mich dem Industrie-Design widmen." Barro Savonuzzi reklamiert keinen speziellen Stil für sich. Er ist mehr vom Objekt angezogen, das einer Neudefinition bedarf. „Betten und Stühle haben heute praktisch dieselbe Verwendung wie vor zwanzig Jahren. Ihre Formen zu verändern, hat deswegen wenig Sinn. Hingegen hat sich die Technik der Fotografie in den letzten zwanzig Jahren beträchtlich weiterentwickelt, aber die Form der Kameragehäuse ist praktisch gleich geblieben. Meiner Ansicht nach liegt, wenn das Industrie-Design eine Zukunft haben soll, in diesem Bereich seine Chance."

ROBERTO SEMPRINI
MARIO CANANZI

Roberto Semprini und Mario Cananzi haben beide gerade die Hürde der 30 genommen. Sie haben zusammen Architekur in Florenz studiert und gingen dann zunächst nach Rimini, der Geburtsstadt von Semprini, danach nach Mailand. Die bekannteste Frucht ihrer Verbindung ist zweifellos die 1989 von Edra produzierte Couch „Tatlin". Wie ihr Name bereits vermuten läßt, ist sie in ihrer Form von dem Turm des russischen Konstruktivisten inspiriert. Auf der funktionalen Ebene bricht sie mit der Tradition, denn ihre spiralige Sitzfläche und Lehne erlauben intimere Gespräche und können auch mehr Leute aufnehmen. Die beiden Designer arbeiten auch einzeln. Cananzi hat 1989, während er seinen Abschluß an der Domus Academy machte, den Prototyp eines Automaten für heiße Getränke entworfen, „Caffè quadrifoglio". Semprini entwirft Bücherregale aus Glas für Tonelli, Tische aus Glas und aus Holz für Sormani und Teppiche für amerikanische und spanische Unternehmen.

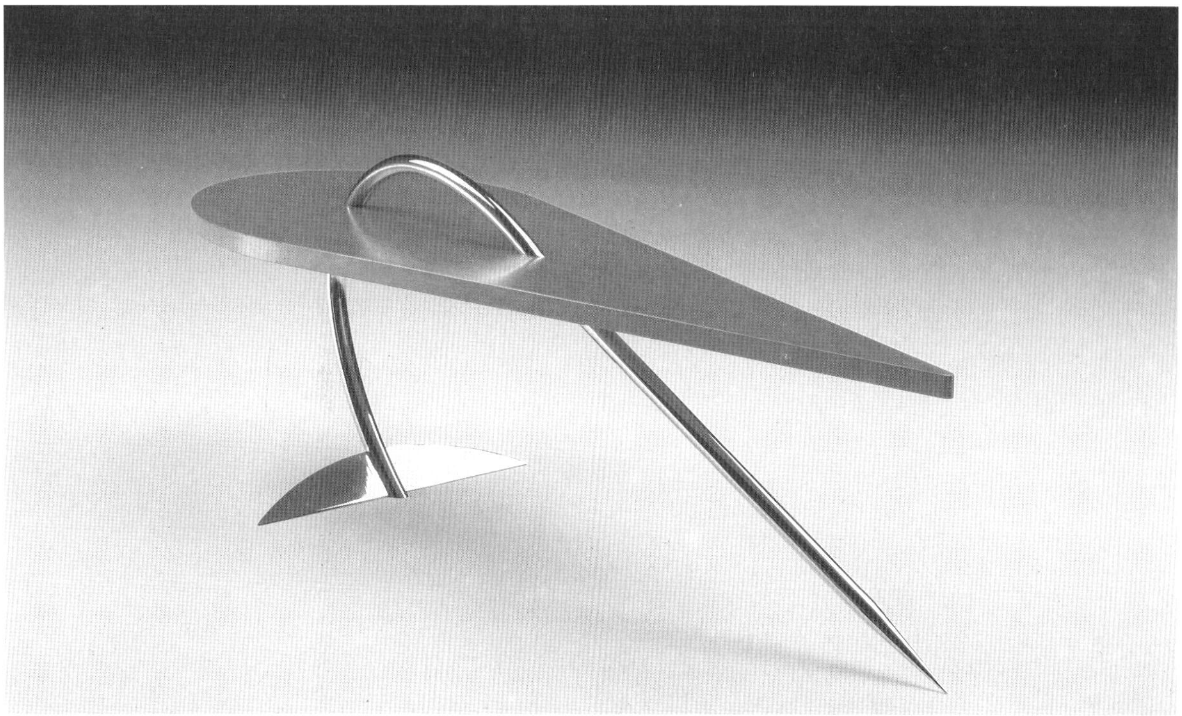

Delfin (Delphin), 1988
Tisch aus Holz und Chrom.
Hersteller: Disform

Folgende Seiten:
Tatlin, 1989
Sofa aus Samt und Polyurethan.
Hersteller: Edra

NICOLA STRIPPOLI
CINZIA TANDOI

Hinter dem Namen Tarshito & Shama verbergen sich der 37jährige Nicola Strippoli und die 34jährige Cinzia Tandoi. Sie stammen beide aus Corato, einem kleinen Marktflecken bei Bari. Nachdem sie sich jahrelang von dem distanziert hatten, was sie ihre provinzielle Herkunft nannten, bekennen sie sich heute nur um so stolzer zur Wiege ihrer Kindheit. „Ich habe herausgefunden, daß Friedrich II. das herrliche Castel del Monte in der Nähe von Corato gebaut hat, weil der Ort seiner Meinung nach bestimmte energetische Wellen ausströmt", sagt Shama. „Er hielt dies für den idealen Verbindungspunkt zwischen Orient und Okzident, zwischen der Kathedrale von Chartres und dem Tempel Salomons." Shama war 19, als sie sich trafen. „Tarshito hatte sein Architekten-Diplom in Florenz gemacht und ich hatte gerade mein Studium am Institut D.A.M.S. in Bologna absolviert. Wir beschlossen, nach Bari zurückzukehren. Die Vorstellung, wie Pioniere auf jungfräulichem Gebiet zu arbeiten, stimulierte uns. Und noch ein anderes Motiv trieb uns nach Bari zurück: Der Wunsch, uns auf Unikate zu konzentrieren, die von den Handwerkern am Ort hergestellt würden aus natürlichen Materialien, die sich gut anfühlen."

Oben:
AUM, 1987
Platte aus Porzellan.
Hersteller: Tendentse

Grande Cerchio (Großer Kreis), 1989
Klangobjekt mit Glocke.
Hersteller: Speciale

Wakanda, 1986
Räucher- und Weihrauchgefäß.
Hersteller: Megalopoli

Oben:
Uno Yantra per l'Amore (Ein Liebes-Yantra), 1990
Wandteppich aus Wolle und Seide.
Hersteller: Speciale

Folgende Seiten:
Architettura di paesaggio, 1990
Kerzenleuchter aus Wachs und Kupfer.
Hersteller: Speciale

Zorba, 1986
Tisch aus bemaltem Eisen.
Hersteller: Speciale

Oben:
Gong, 1988
Klangobjekt aus Holz und Metall.
Hersteller: Speciale

ERNESTO SPICCIOLATO

Ernesto Spicciolato ist nicht so schüchtern, wie es zunächst scheint. Im Team zu arbeiten und sich von anderen beeinflussen zu lassen, gefällt ihm. „Man öffnet sich auf diese Art den Ideen anderer und erweitert seinen geistigen Horizont", sagt er. Spicciolato wurde 1957 in Mittelitalien geboren und machte 1983 sein Examen als Architekt. Seit 1987 lebt und arbeitet er in Mailand. Er begann seine Karriere, indem er sich mit Dante Donegani zusammentat, mit dem er „die originellen Ideen" teilte, „die immer das beste sind, da sie der Ausgangspunkt sind für alles, was später kommt." Heute arbeitet er mit Andrea Branzi zusammen an architektonischen Projekten, und mit Makio Hasuike macht er Industrie-Design. Eine aus der Verbindung von Natürlichkeit und Raffinement herrührende Originalität zeichnet das Design Spicciolatos aus. Seine Lampen, Stühle und Büro-Accessoires sind leicht emphatisch und von schöner Sicherheit. Zukünftig würde er sich gerne mit den neuen Technologien vertraut machen und sich auf für eine Serienproduktion vorgesehene Objekte konzentrieren. Spicciolato würde seine Werke lieber nicht signieren, er hält es für unnötig, die Realität mit Stilübungen zu behelligen, die doch nur Selbstgefälligkeit sind.

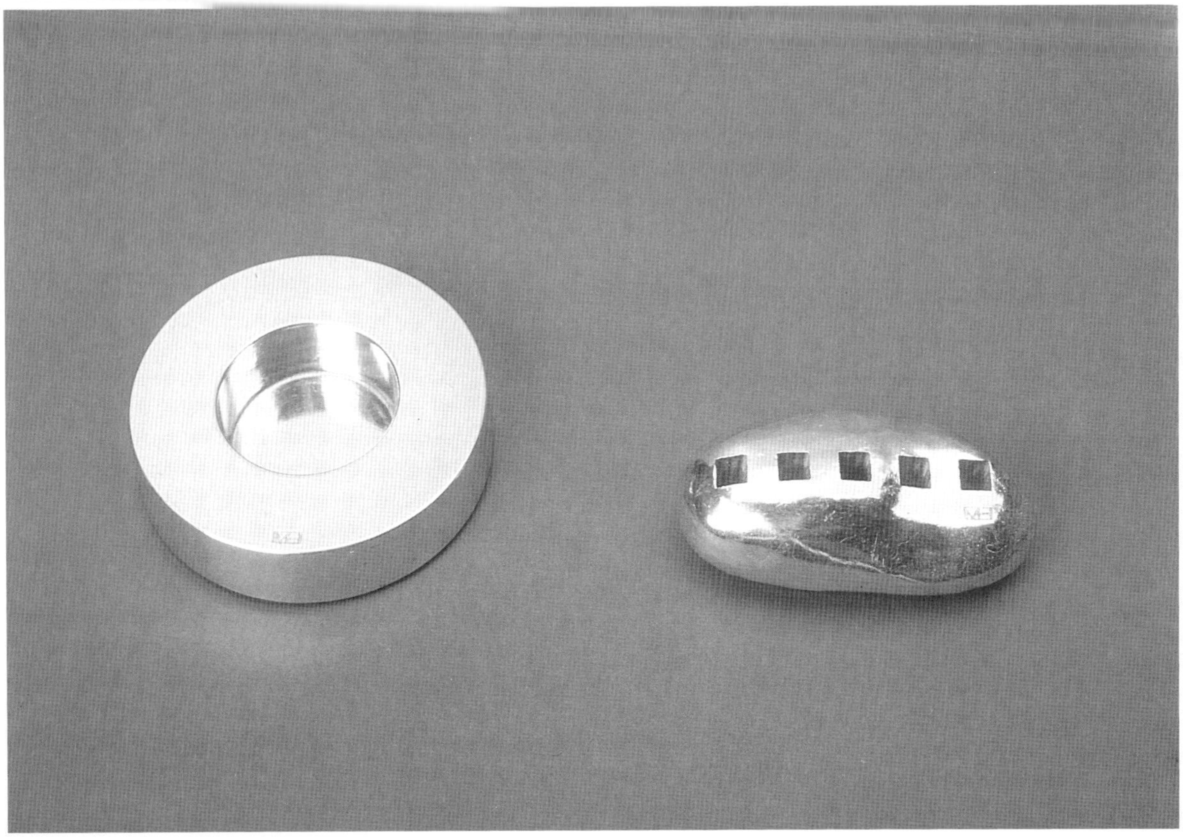

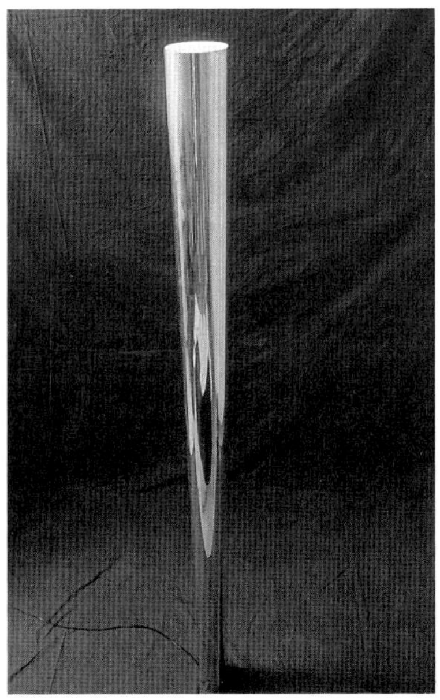

Schreibtisch-Accessoires, 1985
(In Zusammenarbeit mit D. Donegani)
Aluminium.
Hersteller: Cavari

Oben:
Desk (Schreibtisch), 1988
(In Zusammenarbeit mit M. Hasuike).
Aschenbecher und Stifthalter.
Hersteller: MH Way

Jack, 1988
Stehlampe aus Aluminium.
Prototyp

GIANNI VENEZIANO

Gianni Veneziano wurde vor 36 Jahren in der Nähe von Bari, auf dem Absatz des italienischen Stiefels, geboren. Die begrenzten Perspektiven, die die Provinz bietet, bewogen ihn, sich dorthin zu begeben, wo Ideen im Überfluß zirkulieren. Er wählte zunächst Florenz, wo er Architektur studierte, dann Chicago - zwei herausragende Städte hinsichtlich Architektur und Design. Nach seiner Rückkehr nach Italien gründete Veneziano zusammen mit Prospero Rasulo die Firma Oxido. „Die Produkte, die wir für diese Marke entwerfen, sind inspiriert von der Natur und den Symbolen unseres universalen Erbes, von der Erde, der Spirale, dem Kupfer....". Sie sind stark beeinflußt von bestimmten Tendenzen der bildenden Kunst, z.B. von der Arte Povera, der dominierenden Bewegung in der italienischen Plastik der siebziger Jahre. Der Stuhl „Indiscreta" aus gemasertem Holz strahlt trotz seiner ungewöhnlichen Form eine Atmosphäre von elegantem Gleichgewicht aus. Die Löcher in seiner Rückenlehne und die Blumen auf seiner Armlehne geben diesem sonst funktionalem Objekt eine rätselhafte Note.

Indiscreta (Indiskret), 1989
Stuhl aus gemaserter Buche.
Hersteller: Ortolan

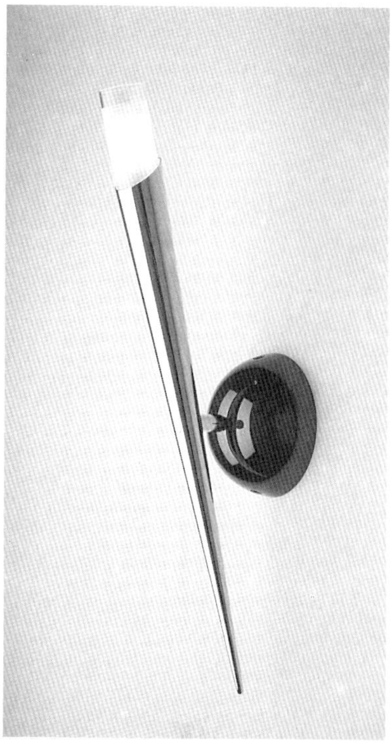

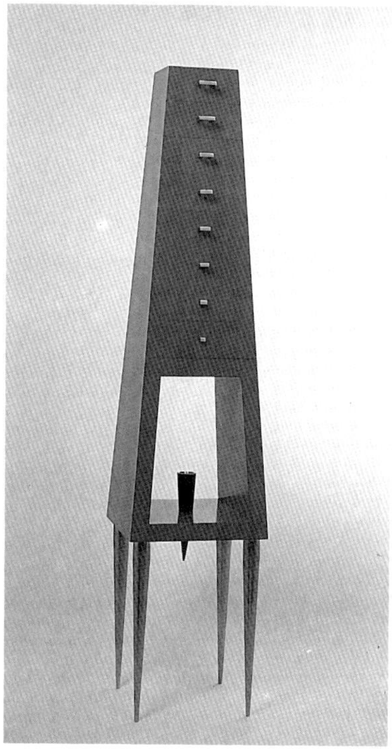

Private (Privat), 1989
Kommode aus Holz, Stahl und Keramik.
Hersteller: Masterly

Oben:
Isola Nera (Schwarze Insel), 1988
Lampe aus Stahl, Glas und Kupfer.
Hersteller: Lumi

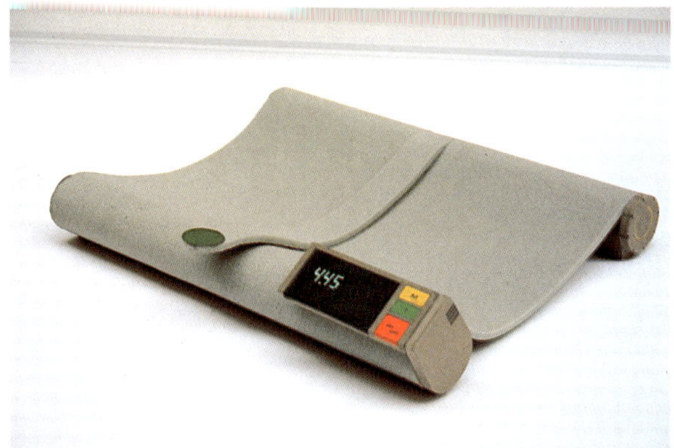

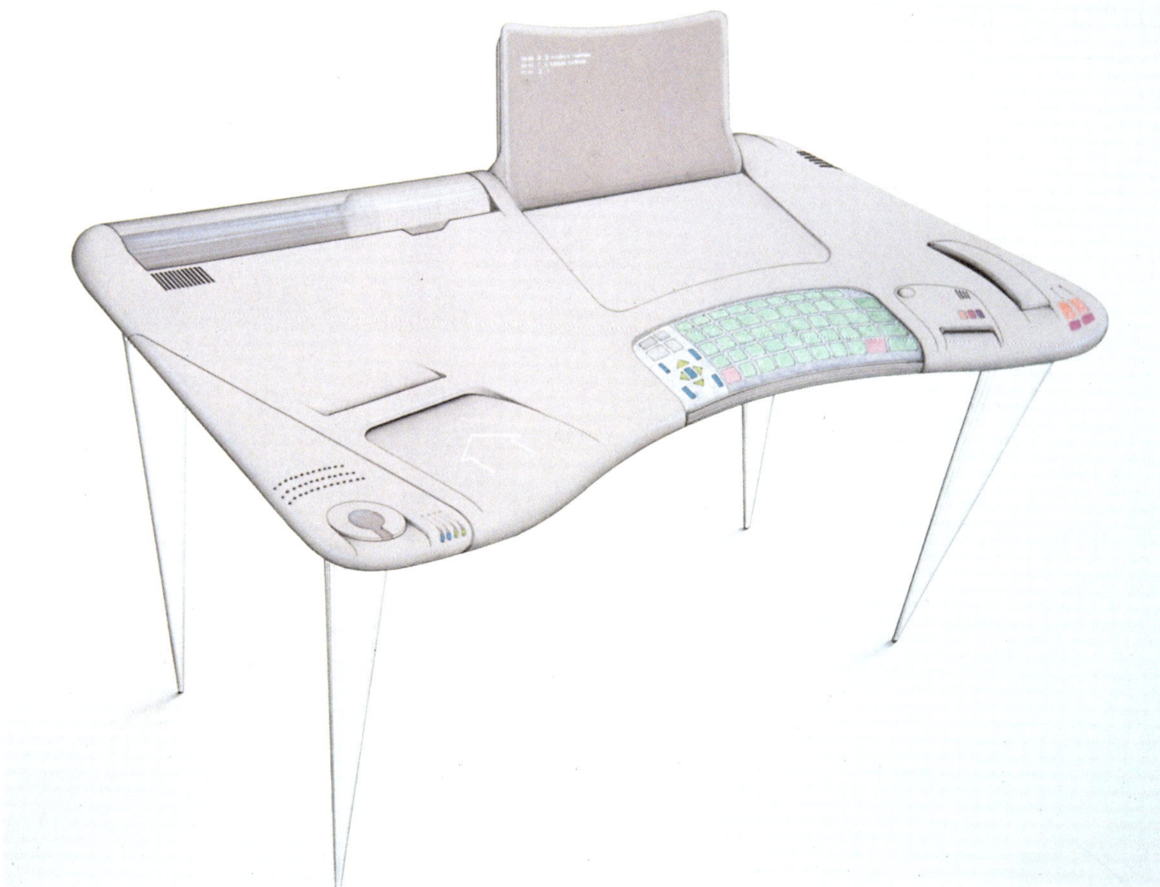

GIULIO ET VALERIO VINACCIA

Giulio und Valerio Vinaccia wurden 1957 bzw. 1955 in Caracas als Söhne eines italienischen Architekten geboren, den sein Beruf auf Reisen durch ganz Südamerika führte. Die beiden Brüder studierten Industrie-Design an der Universität von Bogotà und arbeiteten einige Jahre lang in Kolumbien, ehe sie nach Italien zurückkehrten. 1987 machen sie sich in Mailand selbständig und spezialisieren sich vor allem auf Objekt-Design und auf das Entwerfen von biomedizinischem und industriellem Gerät. Ihr innovatives Konzept kommt unmittelbar in der linearen Schlichtheit ihres Designs zum Ausdruck. So können die Telefone und die Fax-Geräte, die sie entwerfen, sowohl in Büros als auch in Privathäusern verwendet werden. Sie haben das Äußere dieser Geräte bereinigt, indem sie den Scanner und den Thermaldrucker unter dem Telefonhörer anbrachten und einen gewellten Tisch erfanden, der gleichzeitig dazu dient, die Fax-Briefe zu empfangen und das Papier aufzubewahren. Ihr Einfallsreichtum wurde zu Recht belohnt, und das Produkt wurde vom Design-Museum in London ausgewählt.

Oben links:
Drahtlose Registrierkasse, 1989
Aluminium.
Hersteller: Vandoni Spa & Italiana Macchi

Eta Beta, 1989
Elektronischer Schreibtisch.
Wettbewerb: „Anno 2000"

Oben rechts:
Pesaneonati Avvolgibile, 1987
Antiallergische Baby-Waage aus Neopren.
Prototyp

ALESSANDRO ZULIANI

Der 31jährige Alessandro Zuliani ist ein nachdenklicher und ein wenig reservierter Typ. Er hat sich spezialisiert auf das Design von Objekten für die industrielle Produktion. Seine Badezimmer-Accessoires werden in einem Einspritzverfahren aus Plastikguß hergestellt, „einer Technik, die klare Linien und glatte Oberflächen schafft, was für mich Synonyme für Hygiene sind", sagt er. „Ich liebe die Technik, denn sie reizt oft meine ironische Seite." Zuliani hat Architektur an der Universität von Venedig studiert und sein Diplom an der Technischen Universität von Mailand gemacht. Die Architektur hat keinen besonders starken Eindruck auf ihn gemacht, und er hat seither entdeckt, daß die Literatur, die Poesie, die Kunst und besonders der Film seine Kreativität mehr stimulieren. „Pasolini, Satie, Werner Herzog und andere haben zu einer Transparenz der Sprache gefunden, zu einer Klarheit des Denkens und zu einer Aufrichtigkeit, die mich inspirieren. Ich habe auch das Bedürfnis, mich von Zeit zu Zeit der abgekapselten Atmosphäre Mailands zu entziehen. Spanien ist mein Lieblingsziel, speziell Almeria. Ich liebe die Art der Spanier mit dem Raum, der Weite und der Leere umzugehen."

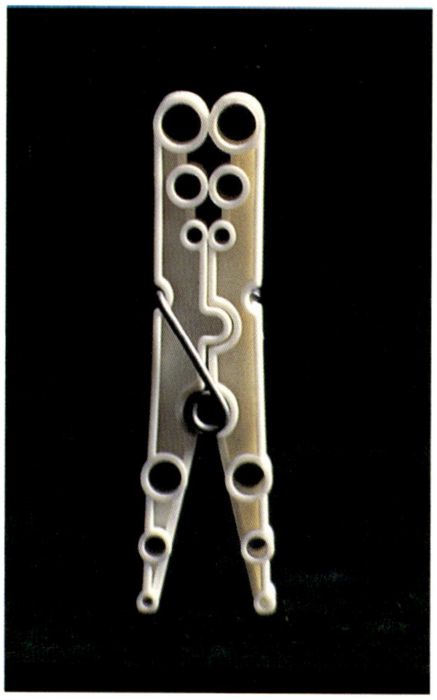

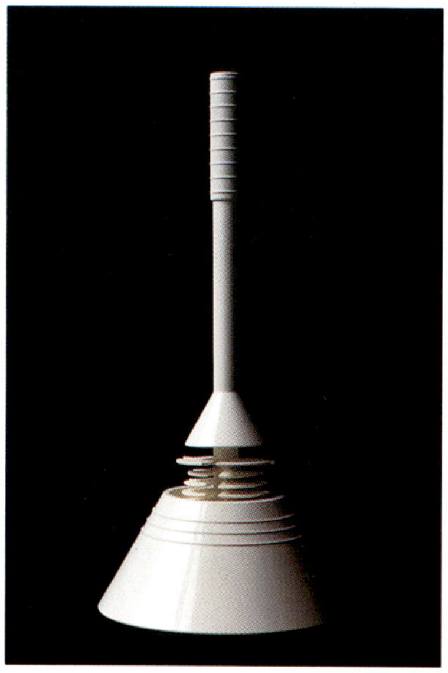

Ali, 1989
Entwurfszeichnung einer Lampe.

Otto, 1986
WC-Bürste aus Gummi.
Hersteller: Cosatto

Oben:
Bolla, 1987
Klammer aus Polypropylen und Eisen.
Hersteller: Cosatto

Danksagung

ELIO DI FRANCO
Uhr, 1989
Alabaster.
Hersteller: Consorzio per l'Escavazione dell'Alabastro

Nachdem ich einen Führer mit dem Titel Milano Dove geschrieben hatte, schwor ich mir, mich nie wieder auf langfristige Projekte einzulassen. Ich liebe, was schnell geht: Das Entdecken von neuen Talenten oder Interviewen und Fotografieren von Stars für Zeitschriften.

Aber dann konnte Robert Janjigian vom Verlag Rizzoli International in New York mich doch überreden, dieses Buch zu schreiben. Mein Dank gilt vor allem ihm, der mich unaufhörlich ermutigt hat. Seine Verfügbarkeit und seine Geduld waren mir sehr kostbar.

Aber ich habe auch ganz besonders Annette und Luc Vezin zu danken, für die Qualität der französischen Adaption, die sie zuwege gebracht haben.

Obwohl sie bereits seit Jahren zu meinem (sozialen) Universum gehören, haben die Designer, von denen hier die Rede ist, sich als noch reicher im menschlichen und intellektuellen Sinne erwiesen, als ich mir hatte vorstellen können.

Neues italienisches Design befaßt sich mit den Jahren 1985-90, einem sehr wichtigen Wendepunkt in der Geschichte des Designs. Einige Namen sind bereits sehr bekannt, andere werden es mit Sicherheit im Verlauf der neunziger Jahre werden. Sehr entschuldigen möchte ich mich bei all jenen begabten Architekten und Designer, die ich habe auslassen müssen.

Ich danke insbesondere Alessandro Mendini für die Zeit, die er sich für mich genommen hat. Tausend Dank auch an Kate Singleton: Ihre Kenntnis des Sujets hat das rechtzeitige Erscheinen dieses Buches ermöglicht. Ebenso danke ich Stefano Fabrizi, einem jungen Architekten, für die stundenlangen Aufzeichnungen, und nicht zu vergessen, auch Michele de Lucchi, Franco Raggi, Mara Canvelli, Maurizio Corrado, Maurizio Favetta, Stefano Giovannoni, Guido Venturini und Marco Zanini.

Ich nehme auch die Gelegenheit wahr, mich bei Barbara Nerozzi zu bedanken, der Chefredakteurin von Gran Bazaar, die seit zehn Jahren meine Artikel über die Avantgarde schätzt, und für alles, was sie mir von ihrer Erfahrung vermittelt hat. Und ich danke Alberto Alessi Anghini, einem besonders aufgeschlossenen Industriellen, dafür, daß er sich bereit erklärt hat, das Vorwort zu schreiben.

Ein großes Dankeschön an Manfredi, meinen Mann, für seinen Rat und seine Verfügbarkeit, und auch an meinen Sohn Bartolomeo dafür, daß er versucht hat, mir den Umgang mit einem PC beizubringen. Nun, ich habe mich sehr schnell wieder der Schreibmaschine meines Großvaters zugewendet, einer Olivetti von 1925.

Ebenso danke ich meiner Mutter, die für das Funktionieren meines Haushaltes während meiner häufigen Abwesenheiten gesorgt hat, und meinem Vater für seine beständige Unterstützung. Und schließlich ein letztes und nicht das geringste Dankeschön an Asa/Din, meinen treuen Jack-Russell-Terrier, der mich seine Unzufriedenheit über die fehlenden Spaziergänge nie hat spüren lassen.

Nally Bellati

FRANCO RAGGI
Ambiente naturale
(Natürliche Umgebung),
1989
Möbelausstellung in der
Galerie "Corso d'Opera",
Bari.
Foto: Bruno Del Monaco

Anschriften der Designer

Wir nennen hier die Anschriften, damit Leser, die das wollen, persönlichen Kontakt mit dem oder den Designern ihrer Wahl aufnehmen können.

ALDO CIBIC
Via Legnano 28, 20122 Mailand

ANTONIO CITTERIO
Via Maroncelli 14, 20154 Mailand

MARIO CONVERTINO
Via Cesare Correnti 14, 20123 Mailand

GIUSEPPE D'AMORE
Via Pasquale Scura 20, 80134 Neapel

MICHELE DE LUCCHI
Via Goito 7, 20121 Mailand

LAURA DE SANTILLANA
Via della Scala 6, 00153 Rom

CARLO FORCOLINI
Via Respighi 2, 20122 Mailand

MASSIMO IOSA GHINI
Via Gentilino 6, 20136 Mailand

ALBERTO MEDA
Via Guido d'Arezzo 7, 20145 Mailand

PAOLO PALLUCCO
Via Silvi Marina 59 - Villagio dei Pescatori
00050 Fregene (Rom)

DANIELA PUPPA
Via Cornaggia 5, 20123 Mailand

MAURIZIO PEREGALLI
Zeus - Via Vigevano 8, 20144 Mailand

CHRISTOPH RADL
Via Borgonuovo 9, 20121 Mailand

FRANCO RAGGI
Via Cornaggia 5, 20123 Mailand

SERGIO CAPPELLI und PATRIZIA RANZO
Corso Vittorio Emanuele 656, 80122 Neapel

DENIS SANTACHIARA
Alzaia Naviglio Grande 156, 20144 Mailand

WILLIAM SAWAYA
Via Manzoni 11, 20121 Mailand

LUCA SCACCHETTI
Corso San Gottardo 12, 20136 Mailand

LUIGI SERAFINI
Via Ponchielli 3, 20129 Mailand

MATTEO THUN
Via Appiani 9, 20121 Mailand

MARCO ZANINI
Sottsass Associati - Via Borgonuovo 9, 20121 Mailand

MARCO ZANUSO JR.
Corso di Porta Romana, 20122 Mailand

ROBERTO BALDAZZINI
Via Locatelli 35, 41058 Vignola (Modena)

GUGLIELMO BERCHICCI
Via Valparaiso 9, 20144 Mailand

SERGIO CALATRONI
Via Montebello 24, 20121 Mailand

MARIO CANANZI
Ripa di Porta Ticinese 21, 20143 Mailand

PIERANGELO CARAMIA
62, rue des Saints-Pères, 75007 Paris

MAURIZIO CASTELVETRO
Via Garibaldi 187, 47033 Cattolica (FO)

JEANNOT CERUTTI
Via Ormea 79, 10100 Turin

ANNALISA COCCO
Corso C. Colombo 4, 20144 Mailand

LAURA AGNOLETTO und MARZIO RUSCONI CLERICI
Via Amedei 3, 20123 Mailand

ELIO DI FRANCO
Via Sant'Egidio 16, 50122 Florenz

DANTE DONEGANI
Via Carroccio 7, 20123 Mailand

STEFANO FABRIZI
Via dei Olivetani 8, 20123 Mailand

BEPPE FACENTE
Via Licurgo 1, 20126 Mailand

GIORGIO GALLI
Viale Piceno 40, 20129 Mailand

GIOVANNI TOMMASO GARATTONI
Viale Tiberio 97, 47037 Rimini

MASSIMO GIACON
Via Pastrengo 14, 20159 Mailand

ANNA GILI
Via Sannio 18, 20137 Mailand

STEFANO GIOVANNONI und GUIDO VENTURINI
King Kong - Via Gulli 4, 20147 Mailand

GIOVANNI LAUDA
Via Monte Bianco 8, 20149 Mailand

ROBERTO LAZZERONI
Via Giuseppe Cei 125, 56021 Cascina (Pisa)

GIOVANNI LEVANTI
Via Rosmini 6, 20154 Mailand

MARCO MENCACCI
Via Ramazzini 8, 20129 Mailand

ANGELO MICHELI
Via Goito 7, 20121 Mailand

VICENZO DI DATO und IVANO BOSCARDINI
Nautilus - Viale Papiniano 36, 20145 Mailand

GIORGIO RAGAZZINI
Piazza Duomo 9, 40026 Imola (Bologna)

PROSPERO RASULO
Via della Commenda 33, 20122 Mailand

MICHELE BARRO SAVONUZZI
Via Darwin 9, 20143 Mailand

ROBERTO SEMPRINI
Via Lea Giaccaglia 44, 43227 Rimini

ERNESTO SPICCIOLATO
Via Biondi 3, 20154 Mailand

TARSHITO und SHAMA
Speciale Gallery - Corso Vittorio Emanuele 132, 70124 Bari

GIANNI VENEZIANO
Via della Commenda 33, 20122 Mailand

GIULIO und VALERIO VINACCIA
Via Podgora 12, 20122 Mailand

ALESSANDRO ZULIANI
Via Meda 37, 20141 Mailand

Fotonachweis

Aegerter, Jean Bernard: 176 (oben rechts)
Azzuro, Studio: 92, 110, 113, 142 (links), 150, 152, 157 (rechts), 164 (unten), 187 (unten rechts)
Ballerini, Albano: 181
Ballo, Aldo: 34, 42, 50, 52, 53, 66, 70 (rechts), 71 (links), 179 (links)
Ballo & Ballo: 59 (unten links)
Basilico, Gabrielle: 18, 41
Bella & Ruggieri: 198 (oben), 204 (oben)
Bellati, Manfredi: 154-155
Bormoloni, Daniele: 28, 137, 148, 197 (links)
Bottini, Maurizio: 184 (unten)
Buzzoni, Marco: siehe Mauro Davoli
Caleca, Santi: 32, 35, 59 (oben links)
Calleri, Alberto: 86, 90, 91
Capra, Franco: 194 (unten), 206-207
Carando, Ennio: 188
Carrieri, Pietro: 141, 143
Chiesa, Renzo: 94
Chimenti, Bitetto: 98, 100, 101, 102, 103 (links)
Ciampi, Mario: 26, 182 (oben rechts)
Coli, Gianni: 60, 62 (unten rechts)
Colombo, Giorgio: 164 (oben)
Coppitz, Arrigo: 16, 182 (oben links und unten), 214
Davoli, Mauro und Marco Buzzoni: 116, 121 (mit freundlicher Genehmigung von Casa Vogue)
Forma Tre: 179 (oben und unten rechts)
Fritz, Monica: 197 (oben und unten rechts)
Gemilli, Piero: 157 (links)
Giampi, Mario: 192-193
Granata, Salvatore: 119
Guidolotti, Pino: 160-161, 163, 165 (oben)
Kaiser, Peter: 187 (links)
Kirchner, Stefan: 191 (oben rechts)

Laera, Cosmo: 208 (unten), 209 (oben rechts und links), 210-211
Lavatori, Carlo: 89
Levanti, Giovanni: 196 (unten)
Licitra, Salvatore: 186 (links)
Linke, Armin: 180 (unten links)
Mangani, Alessandra: 142 (rechts)
Marcato, Maurizio: 176 (oben links)
Maupass, Olivier: 180 (oben)
Maurer, J.P.: 43
Mayer, Natalie: 138
Merli, Sergio: 189 (unten links)
Modet, Sylvain: 177 (unten)
Occhiomagico: 189 (oben), 209 (unten links und rechts)
Paderni, Alessandro: 74-75, 76
Pente, Vito: 173 (unten links)
Pfister, Corinne: siehe Tom Vack
Pino, Giuseppe: 51
Proto: 190 (links), 191 (oben links)
Salabelle, Ugo Pons: 118, 120, 122-123
Schillaci, Marco: 136 (oben und unten rechts)
Sekita, Mikio: 95
Sellitto, Roberto: 69, 84 (oben), 85 (oben links)
Shiratori, Yoshio: 38
Taborri, Ivan: 135, 136 (links)
Tremolada, Emilio: 168-169, 178, 196 (oben rechts), 197 (links), 202-203, 212 (unten links), 213 (unten rechts)
Vack, Tom mit Corinne Pfister: 10, 24, 36, 37, 54, 58, 78, 79, 177 (oben links), 198 (unten rechts)
Vinaccia, Studio: 214 (oben links und rechts)
Xerra, Gionata: 146 (unten), 147 (links)
Zagnoli, Miro: 6, 14, 20, 82, 83, 84 (unten)
Zambarbieri, Orlando: 184 (oben links und rechts), 208 (oben)
Zanzi, Giovanni: 212 (unten rechts)
Zonta, Fabio: 64 (oben links)

Printed in Italy